I0180292

Mi Esposo cambió cuando cambié Yo

"Fui creada para edificar y fortalecer"
Romanos 14:19

RITA ARIAS

MI ESPOSO CAMBIÓ CUANDO CAMBIÉ YO
Autora: **Rita Arias**
Primera Edición

Todos los derechos reservados. Ninguna porción de este libro podrá ser reproducida, procesada o almacenada en algún sistema de recuperación, ni transmitida en cualquier forma o por cualquier medio - mecánicos, fotocopias, grabación u otro; excepto por citas breves en reseñas, sin previa autorización escrita de la autora.

A menos que se indique lo contrario, todos los textos bíblicos han sido tomados de: Santa Biblia, Versión Reina Valera 1960, © 1960 por la Sociedad Bíblica en América Latina. Nueva Versión Internacional, © 1999 por la Sociedad Bíblica Internacional. Versión Dios Habla Hoy, © 1996 por Sociedad Bíblica Internacional. Nueva Traducción Viviente, © 2010 por editorial Tyndale House Foundation.

Diseño de la portada: Jen G. Art
Diseño interior del libro: Bará Art Design
Editoras: Mayra Ivis, Mary Ann Martínez
Publicado: 2018

ISBN: 978-0-692-07903-4

Email: ritaariasministries@gmail.com
Clasificación: Testimonio, Vida Cristiana, Crecimiento Personal

Contenido

Dedicatoria

Al Padre Celestial quien me enseñó su paternidad, por lo que jamás me he sentido, ni me sentiré huérfana.

Él es quien me da existencia y quien quitó todo rechazo de mí. Me hizo acepta a través de su Hijo Jesucristo y me ha dejó compañía en la tierra, su Santo Espírítu.

Este libro es dedicado al amor de mi vida, mi Abba, el que siempre me responde. ¡Jamás me ha dejado sin Su voz!

Agradecimientos

Agradezco a Dios, mi Padre Celestial, por su paternidad absoluta en mí. A su Hijo, el Unigénito; mi hermano mayor, Salvador y quien me adquirió. Agradezco con todo mi ser a su Santo Espíritu, mi amigo eterno, quien jamás me ha dejado.

Agradezco a mi familia hermosa (esposo e hijos) que son mi alegría, mi motor; agradezco a mis padres y todos mis familiares por permanecer conmigo y de mi lado creyéndole a Jesús.

Agradezco a mi equipo, Guiados por su Espíritu (GPE), por siempre creerle a Dios, mantenerse en Él y junto a mí: Osvaldo Mejía, Jairys Arias, Jared Arias, Elioenai Arias, Layrah Arias, Mary Ann Martínez, Sujeily Nieves, Gabriela García, Ariel A. Vélez, Michael Anthony, Ángela Divina, Wil Marie Echandy. Gracias por atreverse a despegar en una pista donde solo contábamos con Jesús el piloto y seguirle a ciegas junto a mí. ¡Qué valientes son! !Los amo!

Agradezco, a todas las iglesias que nos han recibido y apoyado en el llamado que Dios nos ha confiado, infinitas gracias.

En especial agradezco a Edgardo Soto, uno de los artistas gráficos más originales que he conocido y un pastor de jóvenes poderoso, desde el día uno que lo conocí sabía que sería parte de grandes sueños a mi lado. A él y su hermosa madre, Mayra Ivis, un ser hermoso, quien trabajó en este libro como si fuera de ella, mil gracias. Su amistad y respeto ha sido una gran recompensa para mí. Son un equipo poderoso y divertido, cuánto agradezco a Dios por ustedes.

A mi "peliriza" llena de creatividad, la artista Gráfica Jen. G Art, por correr con cada detalle de esta portada, fuiste más allá de lo que pedí. Gracias pelo riso alborotado.

Agradezco a cada consejería y a cada amiga que me brindó el privilegio de tomar una taza de café, honor que no se le concede a cualquiera, cada cita era una línea de este libro; una experiencia para levantar a otras.

Doy gracias a mi Dios, por ser mujer, usar tacones, maquillaje, por tener que usar instrumentos para alaciar mi cabello, por tener varios zapatos, con solo dos pies y por querer combinar cada cartera con el atuendo. Por ser romántica, por esperar lo mejor, por creer que lo merezco, gracias doy a Dios por tener el honor de ser madre, cargar estrías, por tener evidencia de supervivencia en mi cuerpo.

Agradezco cada fracaso, y tropiezo, todo lo anteriormente mencionado me hace ser una **¡Mujer creada para edificar y fortalecer el nido de amor llamado hogar!**

Prólogo

Una tarde platicaba con un amigo, el Dr. Aquiles Fuenmayor y mientras hablábamos en mi oficina antes de entrar a su clase me dijo: "Los roles sociales están desbalanceados y la carga sobre cada extremo del vínculo familiar del matrimonio explotada; el pesar de su felicidad en un solo ente. Es por esto que mi iglesia no celebra el día de las madres o el día de los padres por separado, ¡No! (hacía énfasis con mucha vehemencia). En mi iglesia celebramos a ambos, pues una mujer se convirtió en mamá cuando se casó con un papá y un hombre se convirtió en papá cuando se casó con una mamá, tanto el uno para el otro".

Las palabras de este sabio pastor aquella tarde iluminaron mi entendimiento empujándome a pensar; ¿Cómo iglesia e individuos, no necesitaremos una reforma de los conceptos que tenemos acerca de los roles del matrimonio? ¡Por supuesto que sí! En nuestra sociedad hay un mensaje desbalanceado, el uno imponiendo la necesidad de ser feliz sobre el otro, desde conferencias y congresos plagados de feminismo donde se le dice a la mujer: "Tú no necesitas un hombre para levantar a tu familia" y al lado opuesto, el susurro callejero en los oídos de los hombres "Madre solo es una, padre puede ser cualquiera", desplazando la posición y el sacerdocio del hombre y diciéndole a la mujer, la figura del hombre no es necesaria en el hogar.

He vivido tantas cenas y congresos de parejas donde se le dice al hombre: "Sé detallista, corteja a tu esposa", pero nos olvidamos que el matrimonio es taller de dos no de uno, que ambos deben ser detallistas. Vivimos en una sociedad donde criamos princesas que llegan al matrimonio esperando al príncipe que la hará feliz pero no le damos herramientas para transformar a ese sapo en príncipe. Solo le decimos: "Si no es como lo querías cámbialo por otro, pues hay muchos hombres en este mundo," predisponiéndolas así al divorcio como solución. Por otra parte, al niño lo educamos para sobrevivir y proveer, sin equiparlo para amar y estar dispuesto a envejecer con otro ser tan maravilloso como él. Si de algo me ocupo como ministro cada vez que soy invitado a ministrar en un campamento de damas, congreso de mujeres u hombres o alguna conferencia de parejas; es acordarle a las mujeres que ¡papá es necesario en el hogar! y a los hombres ¡hazte necesario en tu casa, procura que ellas se sientan amadas!

Nuestro Señor Jesucristo, en los evangelios, trató de despertar la necesidad en que fueran reformados los roles de una relación de pareja. *En Mateo 19:8,* Cristo plantea dónde reside el verdadero problema del divorcio. Jesús les dice: ***"Por la dureza de vuestro corazón Moisés os permitió repudiar a vuestras mujeres; mas al principio no fue así".*** Jesús nos deja ver que donde reside el verdadero problema no es en la relación, mas bien es en la condición del corazón. Un divorcio no comienza cuando se firman unos documentos, comienza cuando los corazones se endurecen, pues tendremos parejas juntas conviviendo, pero divorciadas emocionalmente. Por eso, esta guía que ha llegado a tus manos es tan importante, es un eco de la voz de Dios que te grita: ¡Tu matrimonio puede ser restaurado! ¡Tu esposo(a) puede ser transformado!, pero cuando tú lo seas primero. Te garantizo que una restauración llegará cuando deliberadamente apliques los principios de la palabra de Dios en conjunto con los enseñados en esta obra que tienes en tus manos.

En *"Mi Esposo Cambió Cuando Cambie Yo"*, encontré este mensaje balanceado, la Profeta Rita Arias de forma temeraria, como si estuviese sentada al costado de un piloto kamikaze, pero con el respaldo del Espíritu Santo nos otorga ese balance que debe reformar los estándares de la vida marital, un balance que debe golpear el ego del machismo, y sosegar el caballo desenfrenado del feminismo aún en círculos eclesiales. Desde una perspectiva fresca y extrovertida, característica propia de Rita Arias, nos otorga ese mensaje que derrumba toda falsa expectativa del matrimonio, todo fundamento erróneo impartido por Hollywood en sus novelas y películas o, tal vez, por Disney en sus famosas obras de princesas, esas que llevaron a muchas jovencitas a besar muchos sapos esperando encontrar príncipes azules. ¡No! En esta guía marital no encontrarás esa fantasía, en esta obra encontrarás una perspectiva realista del matrimonio, que te invitará a través de versos bíblicos y experiencias a reflexionar y renovarte en el hecho de que, si queremos cambios en nuestra relación de pareja, debemos cambiar nosotros primero.

Desde que conocí a Rita, su esposo Osvaldo y familia; me encontré con una mujer muy sensible al Espíritu Santo, noté sin lugar a dudas que era una pieza maestra de nuestro divino alfarero. Una mujer humilde, pero fuerte en Dios; sometida, pero con la suficiente valentía para hacerle frente a cualquier adversidad que amenazara su familia y matrimonio. Esto hace poderosas las palabras impregnadas en este libro. Te invito a leer este libro con detenimiento; seas mujer, hombre, casado(a), soltero(a) ministro o esposa(o) de ministro, este libro contiene códigos para reconstruir hogares y levantar matrimonios. De un albañil aprendí que tú no desechas una loza rota, pues con sus pedazos y residuos puedes realizar pisos artesanales. De esto aprendí que, como la loza, hay momentos que otros serán transformados con los residuos de mi quebranto, otros cambian cuando yo cambio primero. ¡Gracias Rita Arias por semejante obra!

Leuyín M. García, Th.M. C.C.
Fundador y Presidente de Navegantes de Tormentas Int. Y Escritor del Libro Código de Intimidad con El Espíritu Santo

Introducción

Este libro es un manual que te ayudará con herramientas reales a lograr ser mejor esposa, mujer, madre, amiga o líder del compañero que Dios te haya dado o vaya a regalarte, el mismo está basado en fundamentos bíblicos; que son la parte más importante de este libro.

La Biblia ha sido clara en los roles de la mujer, sin embargo, se han sacado de contexto muchas de estas versiones dando paso a interpretaciones y mandatos que no establece el Padre.

Aquí encontrarás herramientas para ayudarte a clarificar cómo debemos conducirnos. Dios fue claro y preciso cuando estableció las normas de la mujer, su función, tarea y establecimiento al ministerio.

En *Juan 4:27-42*, vemos como la samaritana realiza la función de evangelista y por lo que dice de Jesús y su encuentro con Él, vienen muchos a salvación, pero también vemos a una Susana junto a otras mujeres sosteniendo el ministerio de Jesús, *Lucas 8:1-3*, las hijas de Felipe en el libro de Hechos profetizaban, y en el capítulo de Romanos 16, Pablo saluda a 27 personas e incluye seis mujeres detalladamente, ¡Léalo!

Con esto no dejamos dicho que la mujer puede tomar el lugar del hombre, NUNCA podríamos establecer esto. Cada cual tiene sus funciones, pero a la vez se complementan para hacer un mejor equipo a favor del Reino de Dios, la sociedad y la familia. En este libro encontrarás vivencias, experiencias, y relatos reales, tanto personales como de colegas, amigas y ministros cercanos. Aquí obtendrás ayuda, consejos y base bíblica que sustenta cuán importante es el rol de la mujer y esposa en el hogar, iglesia, empresa, negocios y en la sociedad.

¡Si no sabes quién eres Satanás, el diablo, se encargará de darte una falsa identidad! Él es usurpador de lo de Dios.

1
Me casé con un príncipe

Recuerdo que, junto a mi madre y tías, veíamos programas (novelas) donde el novio era todo lo que una chica soñaba; por ende, crecimos esperando lo mismo, anhelando lo que veíamos en estas historias de amor...él llegaba con flores y chocolates, la llevaba de tiendas y viajaban juntos. Claro que estas series que veían mis tías no eran cristianas, las parejas podían dormir juntas, sin casarse, ir a Las Vegas y todo tipo de diversión, era increíble el romance que veíamos en televisión. Las chicas se levantaban peinadas, maquilladas y olorosas, llegué a pensar que era tan real, que esperaba levantarme igual.

De joven me miraba y me preguntaba: *¿Por qué mi pelo está despeinado, por qué no está liso y el maquillaje no lo tengo como ellas?* Comencé a tener contradicciones conmigo misma de cómo podría llegar a verme igual. No pasó mucho tiempo en el que pude percatarme de que todo esto es irreal, son vidas ficticias creadas para solo atrapar la atención de aquellos que sostenemos una muy real y distinta.

Al poco tiempo de conocer al Señor, entendí que crecemos bajo una cultura machista, poco romántica, trabajadora para subsistir y que los primeros años se dedican canciones y luego que se logra conquistar la persona que se pretendía, se acostumbran a tener aquello por lo cual lucharon. No alimentan ni sostienen esa llama de esta relación, ni le

15

brindan el cuidado que amerita, ya que la misma comienza a nacer. No olvidemos que todo lo que se cultiva, ¡florece!

> **"**
> **No olvidemos**
> **que todo lo que se cultiva,**
> **¡florece!**

Así que, esperé casarme con un príncipe que me llevara de tiendas, viajes, me abriera la puerta en todo lugar y me diera tantos gustos que fuera toda una princesa. Este es el problema grave de los matrimonios, soñamos con este hombre perfecto que llegará a nuestra vida, que nos tomará de la mano y nos llevará al cine y comprará flores en cada estación. Damos por hecho que logrará entender lo que deseamos sin tener que hablarle. Sí, así somos, deseamos que interpreten lo que deseamos y sin darnos cuenta vamos socavando una tumba de decepciones y sueños rotos.

La pregunta es: ¿Quién es el culpable o la culpable de que tengamos expectativas tan altas de un ser humano que, igual que nosotras, necesita amor, paciencia, detalles y compresión? Los responsables de tener tan alto concepto del príncipe azul son la cultura, el sistema, la crianza, los cuentos de hadas y toda esperanza que se nos crea totalmente errónea.

La crianza que nos brindan la acompañan de frases como esta: *"Cásate con un médico o abogado para que te sostenga y te dé lo que desees"*. Nos enseñan a esperar y escoger por quien nos mantenga y nos dé todo.

"No mires a un barrendero, pues te morirás de hambre". Así que estamos escogiendo lo que nuestras madres, tías, padres y abuelas nos dicen que debemos escoger, pero cuando miras su entorno ellos

jamás se casaron con aquellos que soñaron para nuestras vidas, así que comenzamos a repetir patrones, vivencias y experiencias que no se cortaron a tiempo. Por esto terminan diciendo: *"No vivirás lo que yo viví"*, pero la realidad es que sí terminamos igual o peor; porque no nos hemos percatado de que el problema ha estado en nuestros pensamientos erróneos, cultura y crianza, que te dicen cómo proceder.

No debemos tener un alto concepto de nosotros mismos, eso nos hace rechazar todo aquello que entendemos que es inferior a nosotros. Comenzamos a operar bajo el rechazo; que es tan dañino a nuestra sociedad, iglesia y comunidad.

Mira lo clara que es la Biblia en relación a esto: **Romanos 12:3 NVI, *"Ayuden a los hermanos necesitados. Practiquen la hospitalidad". ¡No tengas un alto concepto!***

Al comenzar el noviazgo comenzamos a buscar todo lo que se nos inculcó, esperamos que el chico invite y pague todo, nos dé el beso de la puerta o el beso de la primera noche en la frente, duramos largas horas en el teléfono compitiendo por quién colgará la llamada primero y estamos en esta etapa del romance en que obviamos puntos importantes que deben ser alertas para saber si este príncipe es el complemento a nuestra vida.

Olvidamos observar de cerca cómo *"el príncipe"* habla de su mamá y familiares, ver sus costumbres y en qué cree. Si al comenzar una relación obviamos

> **"**
> *No debemos tener un alto concepto de nosotros mismos, eso nos hace rechazar todo aquello que entendemos que es inferior a nosotros.*

la forma de cómo le habla a su madre o encargados y no observamos cómo le mira, honra y respeta; eliminamos señales importantes de cómo el príncipe será con nosotras. El trato que un hombre le dé a su madre es determinante en cómo será contigo, el príncipe siempre es criado por una reina; si no sabe tratar a la reina, jamás será bueno con la princesa. ¡Nosotras!

Si sabe compartir sus bienes con su madre, es limpio en su habitación, es empático, es amoroso con su núcleo familiar; esto nos habla de buenas señales. Muchas veces queremos que Dios nos hable, sin embargo, mira lo que dice la palabra: **Mateo 7:16 NVI, *"Por sus frutos los conocerán. ¿Acaso se recogen uvas de los espinos, o higos de los cardos?"***

Deseamos que Dios nos confirme, pero olvidamos que la mayor muestra de la voz de Dios está en observar los frutos de este árbol andante.

Las alertas del noviazgo son las más importantes para que podamos observar, escuchar y probar, si es el complemento para nuestra vida. Ninguna relación con dirección distinta puede llegar a un buen final. La Biblia nos dice que no pueden andar dos juntos. **Amos 3:3 NVI, *"¿Pueden dos caminar juntos sin antes ponerse de acuerdo?"***

Escogemos lo que nos gusta, no lo que a Dios le agrada y luego deseamos dejar aquello que escogimos sin aprobación de Dios. Abuela decía: *"Si usted peló la china, ahora se la come"*, imagínese usted.

Recuerdo esta joven líder en su iglesia, que estaba muy enamorada de este chico fascinante que vestía bien, exquisitamente perfumado y que era el sueño de las demás. Ella, con llamado y funciones dentro de la iglesia, pero sin nada de relación con Dios, se ocupó tanto del ministerio que olvidó al Dios que la posicionó en el ministerio.

Al pasar el tiempo, se comprometió con el chico. Todos le dijeron que él no era el adecuado, pero ella accedió al compromiso. Compraron todo para la boda y de repente hubo una ruptura, en mi opinión Dios la libraba de ese muchacho. Pero, él regresó al tiempo, volvió a enamorarla y se casaron. Ella se atrasó en su propósito y él jamás logró conectarse con Dios como ella soñaba. Él se enamoró de ella, pero no del Dios al que ella servía. Los temas de conversación no eran iguales, dos visiones, dos norte y un mal matrimonio.

Ella veía que él no oraba, pero decía: "Cuando nos casemos cambiará, él es mi príncipe". Veía que a él no le gustaba pagar ni sus cuentas, pero ella entendía que mejoraría al estar a su lado. Se dio cuenta que él vivía comprando ropa, vivía de lujos y apariencias, tomaba prestado, peor

> **No podemos cambiar a nadie porque sí.**

aún... no pagaba, pero ella creía que ella era suficiente para cambiarlo. Olvidó que la palabra dice: **Juan 8:36 NVI,** *"Así que, si el Hijo los liberta, serán ustedes verdaderamente libres".* Solo el Espíritu Santo puede cambiar a un ser humano cuando Él así lo desee.

¡No puedes añadirle un codo a tu estatura, no hay forma! **Mateo 6:27 NVI,** *"¿Quién de ustedes, por mucho que se preocupe puede añadir una sola hora al curso de su vida?"*

Nos casamos con la idea de que todo cambiará simplemente porque ya será mi esposo, pero los cambios son individuales y deben ser verdaderamente deseados. No podemos cambiar a nadie porque sí.

Sí, podemos clamar a Dios para que se cumpla el propósito de Dios en esa persona que deseamos, pero jamás cambiaremos la mentalidad de nuestra pareja por imposición de lo que esperamos recibir. Y cuando no vemos ese cambio que deseamos, vamos muriendo, perdiendo el amor, la esperanza y el deseo de luchar.

¿Por qué? Porque hemos tenido alta expectativa de este príncipe que entendemos que será igual al del cuento de hadas y si no recibimos lo que soñamos, enfrentamos decepción y damos poder a la mente de crear pensamientos negativos; tales como: ya no me ama, jamás me amó, ya no le gusto, me va a abandonar, desea a otra.

Y no nos hemos percatado que no se trata de amor, sino de sueños creados lejos de la realidad. Un hombre que fue abandonado, abusado y maltratado, no puede dar lo que jamás recibió. Un joven que fue abusado sexualmente, no puede tener una relación limpia, a menos que Dios y profesionales de la salud le ayuden a levantarse.

> "
> *No es que Dios nos abandonó, se trata de que de la mano del Señor debemos escoger lo que a Él le agrade y verifiquemos los frutos, para confirmar Su voluntad.*

Un príncipe que tenga problemas paternales, que su relación no sea sana con sus padres, llevará a su hogar todo lo que recibió y si como novia no sabes manejar estas dificultades, estarán repitiendo el mismo patrón. No es que Dios nos abandonó, se trata de que de la mano del Señor debemos escoger lo que a Él le agrade y verifiquemos los frutos, para confirmar Su voluntad. Lector ¡esto toma tiempo!

No debemos tener un noviazgo largo, pero tampoco corto. Lo razonable dentro de una relación de noviazgo son dos años, según los expertos, en este tiempo se supone que puedas conocer a lo que te puedes enfrentar, dando por aclarado que "jamás terminas de conocer a la persona con la cual te casarás".

Hay cuatro vertientes de lo que un ser humano posee dentro de sí:
- Lo que éste sabe de él.
- Lo que los demás saben, que él mismo no sabe.
- Lo que los de afuera creen saber, que él sabe.
- Lo que todos creen saber y no es.

El tiempo de conocer es importante, más de lo que creemos. Es tan importante conocer a la persona que nos acompañará el resto de nuestra vida, que la Biblia nos dice: **Génesis 4:1 RVR1960, *"Conoció Adán a su mujer Eva..."*** A través de la lectura de este versículo, se da a entender que tan pronto Eva fue creada, ella y Adán se conocieron. Sin embargo, no fue así. Tampoco aseguramos que pasaron años, pero al leer los acontecimientos nos damos cuenta de que todo Dios lo creó en un tiempo, lo observó y lo aprobó.

(Génesis 1:31; Génesis 2:21-25; Génesis 3; Génesis 4:1) Por medio de la lectura de estos versículos, vemos el transcurso de la creación de Eva, vemos como Adán y Eva están en el huerto, pero aun así Eva estaba conociendo su entorno donde luego es tentada. Más adelante ella tiene el encuentro con la serpiente; tanto Eva como Adán pecan y son expulsados. Y luego de todo esto es que Eva y Adán tienen intimidad. En **Génesis 4:1** la palabra *"conocer"* que refiere la Biblia, es *"tener intimidad"*, más adelante se produce el fruto; los hijos: Caín y Abel. Si no conocemos al "príncipe" en el término de su entorno, jamás podremos tener una relación saludable sin saber quién es el que dormirá nuestro lado.

> **" No te casas por lo que tiene un ser humano, sino por lo que es cuando no ha tenido nada.**

Conozco de personas que nos dicen bajo consejería: *"Duermo con mi enemigo, es terrible; soñar que te casarás con un príncipe y darte cuenta de que es lo más terrible que te acompaña día y noche"*. No es de Dios la culpa, debemos comenzar a cortar con la cultura y forma de crianza de nuestros hijos, hacerles entender que no te casas por lo que tiene un ser humano, sino por lo que es cuando no ha tenido nada.

Nos reunimos con una pareja próxima a casarse y en medio de la consejería, la escuché decirnos: *"Yo terminé mi maestría, él solo tiene un asociado, pero nos casaremos, mantendré el hogar"*. Ya este hombre estaba recibiendo daños emocionales y psicológicos de la novia, ¿olvidó lo que la Biblia dice en **Génesis 2:23-24**? En la sesión le dije a él: *¿la amas?* Me contestó: *"Con todo, y me prepararé para llegar lejos y que ella se sienta orgullosa de mí"*. Me destrozó el corazón escuchar esto, él quería ser...por ella. Y ella contestó: *"Más le vale a él que llegue lejos, porque para "pelá" yo"*. Le pregunté a ella: *¿Lo amas? "Claro, por eso lo acepto así"* Ese 'así' encerró tanto que solo le dije: *Si han tomado su decisión y se aman, me resta decirles que los bendigo en el nombre de Jesús.* Los consejeros no tomamos decisiones por nuestros evaluados y menos, cambiamos el curso de estas. Solamente le hacemos reflexionar y alertamos de posibles consecuencias.

Años más tarde, ella lo abandonó por uno de mayor jerarquía económica. Al recurrir nuevamente a una sesión de consejería, visiblemente afectado, me dijo: *"Hice todo, pagué todo y se fue, ¿por qué, si la amaba? No quiero vivir"*.

Le pregunté: *¿Todo lo que hiciste fue por ella? ¿Jamás por ti? Vales muy poco entonces. Él se quedó mirándome y me dijo: "Jamás vi esto". Le dije: ¿Qué tal si no abandonas tus metas y logras llegar lejos por tu valor y no por demostrar, qué tal si te pruebas a ti mismo que puedes seguir?* Pasaron tres años. Volví a ver el príncipe abandonado, pero para mi sorpresa, siendo un alto ejecutivo de una cadena de mega tiendas muy exitosa donde, en la misma, le ofrecía trabajo a la ex, ya que ella resultó despedida de su trabajo por fraude y su "alta jerarquía", el que ella escogió, la abandonó.

¡Cómo es la vida! Muchas veces lo que entendemos que no tiene valor para nosotros, termina siendo lo que nos gobierna. Es Dios que permite que termine enseñoreándose de nosotros aquello que humillemos. No menospreciemos a nadie porque entendamos que no tienen el valor que deseamos.

> **Es Dios que permite que termine enseñoreándose de nosotros aquello que humillemos.**

Aprendamos a valorar lo que nos ama con nuestras imperfecciones, porque ello no cambiará, ni te cambiará.

2

También soy hija

La forma en cómo los padres se relacionan con sus hijos influye mucho en la manera en que estos escogen a su cónyuge. Influye al punto de que nuestra relación con Dios se inicia de acuerdo a la relación que tenemos con nuestro padre terrenal. Jesús fue el modelo de la misma, oraba al Padre de continuo y lo reconocía, *Juan 10:30 NVI, "El Padre y yo somos uno"*. Y, no solo lo hizo con el Padre Celestial sino también con el terrenal *Mateo 13:55 NVI, "¿No es acaso el hijo del carpintero?"* Jesús imitó a su padrastro José, fue carpintero y a Él lo conocían por la referencia de Su padrastro.

Esta explicación es muy importante para nosotras, ya que ella marca el inicio de qué esposas podemos llegar a ser. Si fuiste criada en un ambiente de maltrato, gritos y relaciones disfuncionales, jamás podrás sostener tu hogar a menos que Dios sea el centro, restaure todo y Él puede hacerlo, de hecho desea hacerlo. En mi primer libro *(De la Nada en su Presencia)* relato como Dios me llevó a pedirle perdón a mi padre. Yo me sentía abandonada por él, sin embargo; Dios me envió a mí, sí, a mí a pedir perdón, ya que la que necesitaba limpiar mi corazón y hacer espacio a la restauración era yo.

Crecí viendo como se debía trabajar más y no dedicar tiempo a la familia, viendo violencia doméstica en mi familia; de hecho, ya era común en la familia y por años se repetía. Así que, estaba ya heredando un patrón que pronto me alcanzaría si no tenía conocimiento de éste, Satanás trabaja arduamente para que se infiltre toda raíz, herencia y maldiciones generacionales en nuestra vida, nuestro adversario es experto en que se repitan círculos que nos atan, porque así será más fácil destruir la familia; la cual Dios diseñó y creó para sostener y llenar la tierra. ¡Ese es el plan de Dios!

> **"**
> **Cuando eres esposa no debes olvidar que eres HIJA**

Ahora, ¿cuál es el plan del adversario? Ir en contra de Dios, por eso aun cuando eres esposa no debes olvidar que eres hija. Si llegas al matrimonio herida, toda mala influencia, todo dolor, abandono, rechazo y maltrato que no sanaste cuando eras hija regresará en el matrimonio y no vendrá a vacilar con deshacer el hogar que Dios desea levantar.

Conocí una chica, hija única, que tenía planes de boda. Al venir a mí contándome de sus sueños y todo lo que deseaba, le pregunté: *¿Crees que él es la persona que podrá trabajar con tus carencias paternales?* Me miró y dijo: *"No tengo ninguna. Estoy lista, pero más vale que él me trate como princesa porque no viviré la frialdad que vivieron mis padres"*. Ella sin darse cuenta me contestó la verdad, ya tenía en mente un plan si no funcionaba y la defensiva muy alta.

Yo sabía que no funcionaría, iba al matrimonio con las expectativas equivocadas y con los sueños ya tronchados. Porque si vas a casarte con la mente de que todo lo debes recibir, es porque no estarás en disposición de dar.

Así que, al pasar de los meses, me llegó la flamante invitación. Una semana antes de la boda me llamó: *"Necesito verte"*. Contesté: *Claro, ¿dónde nos vemos?* Llegamos a un restaurante y nos tomamos un café. Allí la chica comenzó a llorar sin detenerse y me dijo: *"Amiga, él controla mis cuentas, me dice cómo vestirme y me prohíbe relacionarme con mis padres".*

La miré y le dije: *¿No te casarás verdad?* Y me contestó: *"He gastado miles de dólares en esta boda, si cancelo mis padres me matarán, ya que mi papá le lleva las finanzas a mamá y él escoge todo".* La miré fijamente y le dije: *Acabas de escoger nuevamente a tu padre como esposo; la diferencia es que no te has casado. Puedes restaurarte y sanar con tu papá primero y luego escoger con la ayuda y guía del Espíritu Santo".*

Se molestó mucho conmigo, porque me dijo: *"¿Qué tiene que ver mi papá con mi novio?"* Le dije: *Más de lo que crees, sin darte cuenta tu modelo a escoger es tu papá, no tienes otro patrón de donde tener referencia".* Siempre escogeremos a alguien muy parecido a nuestro padre terrenal, por esto es importante que estemos completamente sanas al momento de seleccionar nuestro acompañante de vida, quien escuchará todo de ti, dormirá contigo y atravesará años a tu lado.

Tengo historias de chicas que son esposas de alcohólicos; cuando ves sus familias... sus padres o abuelos lo fueron, otras se casan con policías; sus padres o abuelos lo fueron. La figura paterna es quien modela lo que una hija puede escoger.

> **"**
> *Si vas a casarte con la mente de que todo lo debes recibir, es porque no estarás en disposición de dar.*

Continuando con el relato de la chica, pues sí, se casó y a los tres años se divorció por maltrato, abuso, control de todo; al punto de recibir una mínima mesada de su propio sueldo mientras estuvo casada.

Ella se casó esperando un príncipe azul, muy distinto a su padre; sin embargo, escogió exactamente a su padre de forma inconsciente. Olvidó que antes de ser esposa, ella era hija. Y no tenía una relación sana ni saludable con su papá.

Dios nos manda a honrar padre y madre para que los días se nos alarguen (note que este texto en **Éxodo 20:12**, no dice si son buenos o malos). Nos envía a honrarlos y punto, a perdonarlos y punto, a amarlos y punto.

Pero, ¿aun cuando me abusó? ¿Aun cuando me abandonó? ¿Aun cuando me maltrató? ¿Aun cuando me olvidó? ¿Aun cuando me golpeó? ¿Aun cuando me rechazó? ¿Aun cuando me negó y no me puso su apellido? ¡Sí, aun así debes perdonarle! ¿Sabes qué? Jesús se sintió solo, *Mateo 27:46 NVI, "Dios mío, Dios mío, ¿por qué me has desamparado?"*

Jesús tuvo miedo *Lucas 22:42 NVI, "Padre, si quieres, no me hagas beber este trago amargo..."*. El Padre lo había enviado, Él jamás fue contra la voluntad de Su Padre. ¡Su Padre lo envío a morir, asesinaron a Jesús, Dios lo escogió para eso, era su único hijo! ¿Entiendes? Pero el Hijo dijo al final: *"Padre que sea tu voluntad"*, y honró a Dios su Padre, por esto recibió nombre que es sobre todo nombre, por su obediencia. *Filipenses 2:9 NVI, "Por eso Dios lo exaltó hasta lo sumo y le otorgó el nombre que está sobre todo nombre..."*. El perdonarlo(a) no quiere decir que convivas con la persona que te laceró, el perdón es para que no cargues de por vida a esa persona contigo.

Dios desea que tengamos sanidad y prosperemos en todo. Mira lo que dice el texto bíblico en *3 Juan 1:2 RVR1960, "amados yo deseo que prosperes en todo según prospera tu alma".* Debes tener el alma (emociones) sana, para que todo lo demás esté estable y puedas ver frutos.

Si tus emociones no están listas para un avance, tu cuerpo responderá a cada impulso; si tus memorias no han sido renovadas, tus pensamientos irán de continuo al mal y ellos te llevarán a accionar de forma incorrecta. La Biblia es clara cuando nos dice en *Efesios 4:23 RVR1960 "Renovaos nuestros pensamientos",* ya que una mente renovada jamás caerá en una mente reprobada.

Dentro de mi primer libro, luego que relato el regreso a mi tierra para celebrar mi quinceañero (el cual se celebró y disfruté mucho olvidando y enfocándome en lo que ese día sería); pude ver como hija que soñamos con días festivos, trajes de princesas y noches de hadas. Para tener todas ellas, debes sacar el lobo del cuento; este vive siempre en nuestra mente, por no perdonar. La mente es poderosa para avanzar o para detenerte.

> **La mente es poderosa para avanzar o para detenerte.**

Cuando como hijas no hemos perdonado, arrastramos a nuestro hogar y sobre nuestros hijos esta rabia que no nos deja ver lo que soñamos... un hogar estable. Sin darnos cuenta, exigimos a nuestros esposos, le llevamos la vida, creemos que son nuestros hijos, porque la autoridad que no tuvieron sobre ti la estarás reposando de mala manera sobre otro y sabes que tu esposo es el candidato perfecto para tú ventilar tu dolor. Comenzamos a meternos en sus finanzas, a ayudarlos a manejar las cuentas, a decirle cómo se hace. Pero, la verdad es que estamos creando un monstruo que a la mayor brevedad explotará sobre nosotras. Queremos hacer de nuestro esposo lo que esperábamos de nuestro "papá".

En muchas ocasiones, sino en la mayoría, jovencitas buscan casarse con este hombre rudo y bravo para que las defienda. Con este "bad boy" que será quien saque la cara por mí y me comprará todo lo que necesito... Una cruel mentira disfrazada de falta de paternidad. En verdad estoy buscando un papá y como no he sanado, no pasará mucho tiempo en que vea que no funciona, porque una herida se sana apretándola, no sellándola; no vendándola, se sana raspándola en carne viva; no maquillándola. Porque las heridas tienen una peculiaridad, un líquido dentro de ellas que no se seca: sangre, que solo dejándola sanar dejará de coagularse y fluirá.

Para entrar a una relación con los pies derechos, debemos tener claro si nuestro primer novio (papá) está en un estado emocional estable con nosotras (porque usted no será una esposa extraordinaria hasta que no aprenda a ser hija). ¿Y qué pasa si jamás tuve un padre, si no lo conocí? Siempre tendrá la interrogante de los porqués y querrá averiguar, u odiar, u olvidar, o no saber. ¡Todas son emociones del alma! En algún momento saldrán corriendo de adentro de ti, porque todos necesitamos tener clara nuestra identidad.

La Biblia en **_Romanos 12:3 NVI dice: "Nadie tenga un concepto de sí más alto que el que deba tener"_,** pero no te recrimina que no sepas quién eres.

Cuándo a Jesús le preguntaron: *"¿Eres Tú el Hijo de Dios?"* ¿Sabes qué contestó? Veamos *Lucas 22:70 NVI, "Ustedes mismos lo dicen".* Jesús afirmó lo que ellos decían con su contestación.

Si tu origen no está claro, yo te invito a que puedas hoy mismo hacer una lista de estas preguntas y contestarlas tú misma.

- ¿Cómo describo la relación con mi padre?
- ¿Cuántas veces hemos disfrutado juntos una conversación?
- ¿Es fácil hablar con mi padre?
- ¿Cuán hija me siento?
- ¿Quiero que mi esposo me trate como me trató mi papá?
- ¿Escogería un esposo como mi papá?
- ¿La relación de mis padres es saludable?
- ¿Creo que tengo que perdonar a mi papá?

Si el resultado de estas preguntas en su mayoría (más de 4) es negativa, tienes una alarma grande que indicará que si no perdonas, sanas o te acercas más; podrás estar escogiendo nuevamente a tu padre como esposo. ¿Qué debes hacer para llegar al matrimonio con una mente de hija sana y esposa elevada? ¡Perdonar! ¿Y sabes cómo te das cuenta de que perdonaste? Cuando hablar de él no te duela, cuando puedas mirarle con amor y puedan compartir juntos.

Incluso si tu padre falleció puedes ir al cementerio o escribirle una carta, tomar una foto de él y de frente decirle por todo lo que le perdonas, por todo lo que pasaste. Si aún tienes valor y vive, invítalo a un café y allí háblale, será tan sanador para él como para ti, quizás te enterarás de todo lo que tu abuelo le hizo a él y como no tuvo la oportunidad que tuviste tú, repitió la del patrón no sanado.

Hago énfasis en esto porque puedo ayudarte, yo lo superé, lo viví e hice lo correcto. En mi primer libro del que antes hice mención, cuento detalladamente cómo Dios me llevó a este proceso con mi papá. Y cuan libertador fue y ha sido para hoy disfrutar de una relación hermosa con él.

Deseo ayudarte, permíteme invitarte a hacer esta oración, es el primer paso.

"Padre celestial que estás en los cielos, y que tu nombre es Santo, vengo ante ti que eres mi porción. Puedes verme y sabes lo que he vivido, ayúdame a perdonar como Tú me has perdonado. Ayúdame a reparar la relación con mi padre terrenal que Tú habías escogido para mí, ayúdame a perdonarlo por haberme abandonado, abusado, violado, maltratado y rechazado. Ayúdame, lo necesito, aunque sienta dolor y coraje sé que es lo mejor para así también tener una hermosa relación contigo.

Yo sé que deseas sanarme... estoy dispuesta, pero necesito tus fuerzas, intervención y estrategias. Sé que me ayudarás en el nombre de Jesús y espero por el consuelo de tu Santo Espíritu, amén".

Te repito esto, si tu padre está preso escríbele una carta y estimúlale a ser mejor persona. Luego que lo perdones y pidas perdón, si lo tienes vivo llévale a comer a su restaurante favorito y si murió cómprale las mejores flores. Tu acción de hoy salvará tu hogar mañana.

> **Tu acción de hoy salvará tu hogar mañana.**

Jeremías 29:11 NVI, "Porque Yo sé muy bien los planes que tengo para ustedes –afirma el Señor planes de bienestar y no de calamidad, a fin de darles un futuro y una esperanza".

3

Se enamoró de la novia, no de la mamá

Proverbios 14:1 NVI, "La mujer sabia edifica su casa; la necia con sus manos la destruye".

Luego de una cena romántica, Laura (así le llamaremos para guardar su identidad) sale al supermercado en búsqueda de unas verduras para el día siguiente preparar un rico menú. Su esposo decide acompañarla y ya en el supermercado él le sugiere cómo hacerlo; por lo que Laura se altera y delante de todos le ordena no decirle cómo hacer las cosas porque ella es una mujer completa.

Lo que comenzó como una velada de cuentos de amor terminó como una noche de terror, ya que su esposo solo quería ser parte de la cocina y ayudarla, no deshonrarla ni llamarla incompleta.

Como esposa debes tener claro el papel que juega nuestro esposo. ¿Quién es aquel con el cuál juré estar hasta que la muerte nos separe? ¿Habla la Biblia de quién es el esposo en la vida de la esposa?

El esposo es la cabeza de la mujer, por ende, la mujer no es quien gobierna el hogar. Es un mutuo consentimiento en toma de decisiones, el varón es el que vela por la casa, el sacerdote, quien debe proteger. *1 Pedro 3:1 NVI, "Así mismo, esposas, sométanse a sus esposos, de modo que, si algunos de ellos no creen en la palabra, puedan ser ganados más por el comportamiento de ustedes que por sus palabras"*.

Pero, las niñas que no tuvieron esa representación de protección nos podemos volver sobre protectoras y querer ser las madres de nuestros esposos, mandarles en vez de sugerirles, gritarles como si fueran nuestros hijos. En vez de dialogar nuestro punto, queremos decirles cómo hacer las cosas: *"Es que ellos no saben hacer muchas cosas a la vez como nosotras";* lo que es totalmente falso, altivo y dañino. El hombre tiene tantas capacidades como las mujeres, solo que tenemos funciones distintas.

Sin darnos cuenta, comenzamos a criar a nuestros esposos. Llegan a nosotros con un estilo de ropa y no pasa un año y desfiguramos al galán que nos conquistó y le ponemos atuendo de "Ya tú eres mío". Quedan atrás los colores que él escogía, la forma como doblaba su ropa, su corte y comenzamos a darle forma. Podemos ayudarles, pero jamás cambiarles; ya que esta bomba de tiempo regresará porque nadie puede cambiarle la identidad a otro y solo Dios es quien puede transformar.

La historia de Linda es testigo de ello, ella se casó con un hombre gótico. Vestía de negro, su vida era de súper héroes, siempre tenía un misticismo en su forma de proceder, su trato hacia ella no era el mejor... aun delante de los demás. Pude verla sumergida en ser su madre, como día a día suplantaba el rol de mamá en él y no de esposa. Le guardaba el dinero para que él no lo gastara, le decía lo que debía comprar por internet para que no fuera en exceso, le compraba ropas claras, le ayudaba a ir a la iglesia, le hacía prácticamente todo.

Linda amaba a Dios con todo su corazón y a medida que intimó con el cielo, el cielo se hizo evidente en ella. Pero ella no se percató en las redes que ya había tejido, ni las veces que representó la madre que su esposo quiso tener, la que le hiciera todo y le prestara atención, la que fuera donde a él le gustaba, aunque ella terminaba decidiendo. Linda era la madre de su esposo Ángel.

Llegó el tiempo donde Ángel no deseó más a Linda, porque ya no era esa que estaba siempre ahí; Linda comenzó a despegar su pecho lactante de la boca de Ángel. Ella comenzó a intimar verdaderamente con Dios.

Ángel terminó por abandonar a Linda y comenzó Dios a abrirle los ojos a ella, pudo ver todo lo que sin saber creó, pero ¿saben qué fue lo más fuerte para Linda? Descubrir que todo lo que creó en él y todo lo que hizo jamás fue real. Porque Ángel volvió a vestir de negro, volvió a ser aquel hombre incompleto que llegó a sus brazos, cambió todo. La Biblia dice que quien redarguye de pecado, cambia y trasforma es el Espíritu Santo.

No puedes ni debes tratar de cambiar a tu esposo, no debes ni puedes crear de él lo que deseas. Porque no es tu hijo... ¡Es tu esposo! Debes dejarlo volar, crecer en la dificultad como hombre, dejarlo cambiar la tapa del baño aunque cuando te sientes caigas dentro del inodoro, dejarlo poner el abanico de techo aunque sobren piezas. ¿Cómo un águila crecerá si su acompañante le lleva todo al nido?

Debes dejarlo ser para que jamás él sea lo que tú deseas, sino lo que desea Dios. No le crees identidad maternal, tiene mente propia, tiene voluntad propia, estilo propio, nuestros esposos no necesitan que recortemos la grama, que pintemos la casa porque ellos no lo hacen cuando quiero, déjalo hacerlo cuando él quiera y con amor recuérdale que el hogar lo representa a él.

Si debes seguir la cuenta de tu esposo, quiere decir que no confías en Él; el problema ya no es materno, es interno y acabará por destruirlos si no lo dialogan.

Ser la madre de tu esposo es lo más perjudicial que puedes hacer y suele pasar en mujeres que llegaron con hijos al hogar. Se acostumbraron tanto a dirigir a sus hijos que no saben soltar ese papel. Siete de cada diez matrimonios que pasan por esto, se destruyen y no vuelven a restaurarse, ya que las heridas son profundas, son heridas espadas..., quiere decir de doble filo; vienen decepcionados con sus madres y encuentran otras madres que los vuelven a dirigir, los humillan delante de la gente con palabras como *"lo haré yo"*, *"tú no sabes nada"*, *"te voy a enseñar a hacerlo bien"*, *"me queda mejor a mi"*...

Todo esto destruye su estima, su hombría y función, solo porque no hemos entendido que somos novias, esposas, no sus madres. En el contexto del noviazgo se da y mucho, por eso; si aún no estás casada estás a tiempo de poder cuidarte desde ya. Si ya lo estás, enmienda el error.

Y, ¿si mi esposo no es creyente? ¿Si mi esposo llegó con carencias maternas? No eres tú quien debes llenarlas, solo dirigirlo a sanar y en oración llevarlo a Dios. Si odiaba a su mamá y ve en ti lo mismo, te odiará más a ti; ahora bien, si tu esposo no es cristiano, pero tú sí, mira lo que dice la Biblia:

1 Corintios 7:12-16 NVI, "A los demás les digo yo (no es mandamiento del Señor): Si algún hermano tiene una esposa que no es creyente, y ella consiente en vivir con él, que no se divorcie de ella. Y, si una mujer tiene un esposo que no es creyente, y él consiente en vivir con ella, que no se divorcie de él. Porque el esposo no creyente ha sido santificado por la unión con su esposa, y la esposa no creyente ha sido santificada por la unión con su esposo creyente. Si así no fuera, sus hijos serían impuros, mientras que, de hecho, son santos. Sin embargo, si el cónyuge no creyente decide separarse, no se lo impidan. En tales circunstancias, el cónyuge creyente queda sin obligación; Dios nos ha llamado a vivir en paz. ¿Cómo sabes tú, mujer, si acaso salvarás a tu esposo? ¿O cómo sabes tú, hombre, si acaso salvarás a tu esposa?"

Tú eres quien santifica a tu esposo con tu testimonio, forma de hablar, de tratarlo; pero, sobre todo si ve que eres una chismosa y que con todos hablas mal ¿qué testimonio creerá de ti? Las mujeres solemos tener un motor en la lengua y una nevera en el cerebro y debería ser a la inversa... calentar el cerebro y mantener la lengua helada.

> **66 Las mujeres solemos tener un motor en la lengua y una nevera en el cerebro y debería ser a la inversa... calentar el cerebro y mantener la lengua helada.**

Si luego de ello, por tu buen testimonio no se convierte; hiciste lo debido basado en la Biblia. No serás esclava de alguien que no valorará tu papel de esposa y rechazará lo que tú crees. Serán yugo desigual y no hay forma de que una relación así funcione.

Tu autoridad como esposa no depende de cuánto tu esposo te siga. La misma será notada en cuan estable esté tu hogar, cómo en tiempo de dificultad ambos levantan piedras para construir su castillo y no verse entre sí contando quién aportó más. Esto es una de las señales de estabilidad.

Es irrelevante en un matrimonio quién aporta más, ya que la Biblia no dice quién lleve más sino de las funciones de cada uno. Echemos un vistazo a nuestro manual de vida... *"El hombre trabajará y llevará el sustento" (Génesis 3:17).* Pero, Eva administrará lo que lleve Adán (trabaja igual como administradora).

También Pedro nos habla de estas funciones, deberes y trato que debemos tener:

1 Pedro 3:7 NVI, "De igual manera, ustedes esposos, sean comprensivos en su vida conyugal, tratando cada uno a su esposa con respeto, ya que como mujer es más delicada, y ambos son herederos del grato don de la vida. Así nada estorbará las oraciones de ustedes".

Teniendo en cuenta esto, es imprescindible que hagamos un recuento de cómo hemos manejado nuestra relación. ¿Tiene mi esposo su función clara? ¿Y yo la mía? ¿Cómo puedo hacer para resolver este dilema de ser la madre de mi esposo? Lo primero que debes indagar es

¿Cómo es la relación de él con su mamá? Y, ¿cómo es la tuya? ¿Quién era la autoridad en tu hogar? Verifica hermana(o) y amiga lectora, o lector; si hoy no estás imitando a tu mamá en todo. Acude a Dios primero de rodillas para que tus hijos no sigan este patrón, luego ve a profesionales de la familia con la base de fe que practiques. No vayas donde un santero a hacerle un trabajo a tu esposo; estarás atándolo más y al final alejarás a Dios con semejante acción errónea. No vayas donde una amiga que manda y va por el marido, porque sustentarás y fortalecerás todas tus prácticas incorrectas, puedes ahora salvar tu relación con la ayuda de Dios.

Vamos a hacer este ejercicio.

- •¿Cuántas veces decide mi esposo en mi hogar?
- •¿Cuántas veces le cambio los planes?
- •¿Qué libertad tiene mi esposo de ir solo a comprarse ropa sin mi ayuda?
- •¿Cuántas veces intervengo para llevarlo a escoger?
- •¿Cuántas veces mi esposo toma una decisión que él sabe que es correcta; yo también, pero él no hace nada hasta que yo le diga qué hacer?

Con solamente estas preguntas puedes saber el nivel de maternidad que ocupas en tu esposo. No se trata de que no vaya contigo, que no escoja contigo, que no tome decisiones contigo, se trata de la presión que puede sentir porque mamá me apruebe y se sienta orgullosa. No es lo mismo que... sé lo que debo hacer, te lo consulto y juntos podemos diferir; pero trae paz la decisión tomada porque ambos tienen criterio propio.

Al momento de escribir este capítulo me encontraba viajando a otro estado (tomo los viajes para escribir), pero hubo un suceso hermoso...

pude ver en el momento de la salida de mi casa mientras mi esposo me llevaba al aeropuerto, cómo se sentía triste porque siempre andamos juntos y en compañía de nuestros hijos. ¡Disfrutamos demasiado estar en familia! Pero este viaje era ministerial y no podíamos ir todos juntos porque al regresar iríamos nuevamente de viaje y no podía atrasarse la escuela de los niños. Así que, decidimos que debía acompañarme una de nuestras hermanas del equipo, ya que el evento era de damas.

Al dejarme en el aeropuerto pude ver su tristeza, pero a la vez la unidad de la paternidad y responsabilidad de mi esposo sobre nuestros hijos. No pasó media hora..., mientras esperaba para abordar el avión, comenzó a sonar mi celular en el área de mensajería y, ¿sabe usted qué era? Varias fotos donde mi esposo llevaba a mis hijos a comer, a disfrutar, ellos sonrientes y felices; llegué a pensar ¿estarán celebrando que no estaré varios días? Pude notar que mi esposo tomó su papel y función de forma literal y muy hermosa, él jamás me preguntó dónde los llevaría. Tampoco qué comerían ni la agenda de lo que harían. Así que operó en libertad de su rol, haciéndome saber que hemos hecho buen trabajo en equipo y que todo estaría bien, mientras yo cumplía mi asignación divina del Señor, él completaría la de él, igual de divina. Juntos podemos ser quienes somos sin pretender usurpar la autoridad materna o paterna que no nos corresponde.

Y, ¿si es mi esposo que se cree mi papá? Hazle entender con mucho amor que eres su esposa, no su hija. ¿Me entendiste?

"La blanda respuesta aplaca la ira" nos dice el libro de Proverbios. No olvides hoy orar a tu Señor Jesús, para que te ayude a romper con alguna ligadura incorrecta. Dios lo hará, ten Fe. *"Pedid, y se os dará...", Mateo 7:7.*

4

Lo escogí yo

Diana conoció a Rubén en una fiesta de amigos, quedó prendada de él. Su forma de vestir, su perfume, su mirada, su forma de bailar, él era el rey de la pista. Diana era cristiana, aunque estaba fría espiritualmente. Él no era creyente de nada, pero ¿qué importa? solo será una noche; ella lo miraba y pensaba: *"Me encantaría bailar con él, total no lo volveré a ver"*. Se apresuraba a una trampa del enemigo sin precedentes.

Así que, la primera noche se miraron y sonrieron. Ya se estaba dando una atracción, pero él, muy respetuoso, le dijo a Diana de lejos: *"¿Podemos bailar?"* Ella sonriente y medio tímida le contestó el esperado sí, que él deseaba. Se dirigieron a la pista y se dio el encuentro cara a cara. Diana se topó con Rubén y le susurró: *"Bailamos, pero que sea lento, ya que eres un experto y yo no, además no se dar las vueltas que tú das"*. Así que el chico sonriendo le dijo: *"Tranquila te llevaré a mi paso"*. Esta fue la línea de la vida de Diana... a su paso, sí al de él.

Diana comenzó a frecuentar este lugar, ya que él era bueno y la llevaba a su paso, no era irrespetuoso. Y la esperaba siempre para bailar con ella, la mayoría de las veces, solo con ella. Así que comenzaron a salir, a ir al cine… ya Diana no estaba en el ministerio. Ella soñaba con tener una relación hermosa y poder casarse. Día a día Diana seguía a su paso, frecuentaron el cine, el parque y así avanzó la relación. Diana notaba algo raro, pero todo estaba perfecto, solo que su celular era de mujer (colores y dibujos femeninos). Él siempre estaba en el lugar y en el momento de irse jamás se despedían en sus autos, pero él alegaba tener su propio auto y celular. Cuando Diana llamaba él siempre estaba en el hogar, pero "tenía trabajo"; él no la llevaba a su hogar porque su madre era complicada, pero de lejos le enseñaba donde vivía.

Pasó un tiempo y Diana se enteró que este gran chico era desempleado, su mamá se dedicaba al ocultismo, la casa que creyó que era de él era de un familiar cercano, el celular que usaba era de una amiga y él era un padre que no daba manutención ni se relacionaba con su niño. Pero, ¿saben qué? Diana estaba enamorada.

Pasó un tiempo y Diana se encontró con el deseo de crecer nuevamente en su relación con Dios y volvió a la iglesia, ahora con Rubén. Diana adoraba de día a Dios y bailaba con Rubén en las noches. No tardó Dios en poner a Diana entre la espada y la pared… Dios llamó a Diana a uno de los lideratos de la iglesia y Diana se vio en una situación terrible de llanto. Todos le decían: *"Él no es para ti, debes analizar"*, pero ella ya lo había escogido. Lo escogió ella no Dios. Aunque ella se estaba apartando.

Diana había olvidado que *"…separados de mí no pueden ustedes hacer nada", Juan 15:5 NVI.* Cerca de Él podemos escoger bien y ser dirigidos por su Espíritu, Diana se arrodilló y le pidió a Dios que confirmara su relación. Antes de tomar la decisión de casarse visitó el altar de su iglesia y Dios le había dicho esta palabra: *"Él no es, no porque sea malo, sino porque te atrasará".* ¿Recuerdan el primer baile de Diana y Rubén? Se dio al paso de Rubén.

Ella reprendió esa voz, pensó que era ella o la conciencia o el mismo Satanás porque no deseaba verla feliz. Al final, pensó, él es bueno y me respeta. Miente como todos, pero es bueno; no trabaja, pero no importa lo ayudaré a buscar trabajo; no vive donde me dijo, pero pobrecito es que su casa es muy humilde y él se siente avergonzado.

> " *"Lo que escogiste con prisa ahora debes aguantarlo con calma."*

Teniendo muchas señales, Diana decidió escoger a Rubén, fue todo un atraso a su vida. En todo los sentidos no solo la atrasó, muchas veces la engañó, le robó, enamoró a chicas de su iglesia, envío fotos de sus partes íntimas a otras. Diana se vio tan herida, que recurrió a Dios y le dijo: *"¿Por qué si te amo me dejas sufrir tanto?"* Dios le contestó: ***"Lo escogiste tú, no Yo y ahora cargas con alguien al que no debiste darle acceso a tu vida".***

¿Cuántas veces escogemos lo que nos gusta y no lo que le agrada a Dios? ¿En cuántas ocasiones Dios permite que veamos la verdad, pero la tapamos por el corazón? ¿Cuántas veces creemos que cambiarán por nosotros? Usted debe escoger con sabiduría por quien estará en la tierra contigo, debes necesitar asesoría de Dios y su Santo Espíritu. Necesitamos de Dios porque nosotros ni pedir bien sabemos. Por eso no recibimos. ***Santiago 4:3 NVI, "Y, cuando piden, no reciben porque piden con malas intenciones, para satisfacer sus propias pasiones".***

> **Mientras más cerca del sol, más grande es tu sombra...**

Dios debe ser nuestra ayuda. No podemos atarnos a alguien porque se ve bien, es que es muy dulce, se ve hermoso; sin saber que tenemos un destino, una responsabilidad y un plan de Dios para cumplir; que no debemos unirnos a quien no esté en el mismo puente que nosotros. *"Lo que escogiste con prisa ahora debes aguantarlo con calma".*

Diana continuó casada, dando el mejor testimonio que pudo para ganarse a su esposo y a la vez, lamentando no haber obedecido a Dios. Pero, aún luchando y confiada en que Dios se acordaría de ella en su penumbra como se acordó de Ana la madre de Samuel.

Hoy Rubén la acompaña y ha mostrado cierto interés por Jesús, pero aún la historia de Diana continúa...

Algo que debemos evaluar es cuán clara está nuestra estima para escoger lo que se ve bien, a diferencia de escoger lo que merecemos como hijas del Dios Altísimo. Cuidarnos de escoger lo atractivo, pero no necesariamente, lo agradable a Dios. Todo lo que decidamos hacer debe pasar por el filtro de la voluntad de Dios, Él sabe muy bien lo que nos conviene, lo mejor para nosotros. Su palabra nos enseña esto en **Jeremías 29:11 NVI, *"Porque Yo sé muy bien los planes que tengo para ustedes –afirma el Señor- planes de bienestar y no de calamidad, a fin de darles un futuro y una esperanza".***

Si viviste lo que vivió Diana, debes tener claro que mientras más cerca del sol, más grande es tu sombra... mientras más cerca de Dios, los que te acompañen también crecerán. Todo es cuestión de permanecer y la Fe.

Dios tiene todo el poder de cambiarle la vida a aquellos por los que nosotros permanecemos clamando. Cuando oramos sin desmayar, Él contesta sin detenerse. La clave es ser sabias, permanecer y no rendirnos.

Recuerdo la vida de Mildred, ella se casó con un hombre que no servía a Dios, su vida era un calvario, eran yugo desigual; uno halaba para un lado y el otro a la inversa. Ella sufría demasiado. Este hombre llegaba borracho, salía con los amigos, no la acompañaba a la iglesia, pero ella seguía en fe, insistiendo. Un día Dios le habló por medio de un Pastor y le dijo: ***"Te lo voy a cambiar, restauraré todo". Así que esta mujer se fue feliz a su casa.***

Al llegar, se encontró con que su esposo se había marchado del hogar. Había recogido todo y se fue, la abandonó sin decirle nada, no había una nota, una excusa. ¡Nada! Ella se frustró mucho, lloró intensamente.

Le reclamó a Dios: *"Me dijiste que lo cambiarías, dime ¿qué pasó?"* Ella se quedó con el dolor y la interrogante durante meses. Al pasar el tiempo, Mildred hacía su compra sola, comenzó a estudiar, entró al ministerio de diáconos y su hogar estaba en paz. No había discordia entre ella y sus hijos a causa de su esposo, Dios comenzó a prosperarla de una forma hermosa, como bien Él sabe hacer por sus hijos.

Con el tiempo, Mildred se encontró siendo una mujer segura de sí misma y llena de decisiones y paz. Pero, su esposo no. Había caído en el alcoholismo, perdió el trabajo y comenzó a enfrentar problemas de salud críticos.

Llegó el mes de junio, mes del aniversario de Mildred. Llegó a su puerta un arreglo de flores, junto con quien las enviaba… el esposo de Mildred, visiblemente afectado. Ella lo miró y le dijo: *"¿Qué deseas?"* *"Quiero regresar,"* contestó él. Ella rápido le dijo: *"No puedo volver contigo. No te amas, no me amas y peor aún, no amas a Dios".* Él llorando le suplicó una oportunidad y ella le dijo: *"Te la daré, pero fuera de este hogar. Debes encontrarte con Dios y cuando lo encuentres; tráemelo para ver si andas con el mismo al que sirvo yo".*

Aquel hombre comenzó a asistir a la misma iglesia que ella, se sentaba junto a ella y se iba luego de terminar el servicio. Pasaron largos meses y este hombre tuvo un encuentro con Dios y regresó a su hogar.

¿Recuerdan la pregunta de Mildred el día que la abandonó? ¿Recuerdan su reclamo a Dios? Esta fue la contestación del Padre Celestial a la vida de Mildred: ***"Te dije que lo cambiaría, pero jamás te dije que fuera a tu lado, Yo sé cómo trabajar mis vasijas y qué entorno es mejor. ¡YO SOY DIOS!"***

Muchas veces creemos que perdiendo morimos, sin saber que para hacer espacio a cosas nuevas; Dios tiene que remover por tiempos costumbres viejas.

¡Dios da y Él quita sea su Nombre bendito de igual forma!

Job 1:21 NVI, "Desnudo salí del vientre de mi madre, y desnudo he de partir. El Señor ha dado; el Señor ha quitado. ¡Bendito sea el Nombre del Señor!"

5

Yo soy la esposa

Proverbios 14:1, NVI "La mujer sabia edifica su casa; la necia con sus manos la destruye".

¿Qué es edificar? Fundar o establecer, dar buen ejemplo incitar a alguien a obrar con virtud.

La sociedad y el sistema, han trabajado arduo para colocar en igualdad los derechos tanto del hombre como los de la mujer. Sin embargo, en el mundo espiritual la esposa tiene unas funciones y roles a seguir que el día que son obviados, abren puertas incorrectas. Como te mencioné en capítulos anteriores; nos casamos con la mentalidad de tener un príncipe, motivo totalmente errado, olvidamos que nosotras también debemos dar y expresar.

La palabra de Dios nos da varios puntos de cómo una esposa sabia puede salvar un pueblo, una generación, aún la propia vida de su esposo. En este caso vamos a repasar el caso de Abigail *(1 Samuel 25, léalo)*. Esta mujer estaba casada con un hombre rico, pero maltratante y soberbio. Ella, aún teniendo motivos para eliminarlo a través de sus errores, decide honrarlo. Al final ella tiene su recompensa, ella recibió al rey que podía acabar con la vida de su esposo con regalos, pudo aprovechar esa ocasión, más decidió cumplir su rol.

Una mujer que conoce su función jamás será destituida, una mujer que opera conforme a Dios será retribuida. La situación es que la esposa que el sistema ha formado es la que cocina, trabaja, cuida de todos y está en el mismo nivel que su esposo. Si él grita, ella lo hace más duro; si él gana, ella gana el doble para presumir frente a él y humillarlo. Hemos olvidado que en el plano original; en Génesis, el hombre labraba la tierra y la mujer administraba. Esto no pone a la mujer en desventaja, ya que administrar es más complicado que labrar la tierra.

Hoy en día, hay esposos que no desean saber del evangelio por el mal testimonio que le ha mostrado su esposa, pues en la iglesia adora y en la casa es un demonio. Una boca no puede hablar dos lenguajes a la vez, reino e infierno; uno se hará más fuerte que el otro y es obvio que será fuerte el más que se practique.

La esposa debe cuidar a su esposo, amarlo, y honrarlo. No castigarlo con la imtimidad. ¡Esa es la ignorancia más necia que comete una mujer! Porque no puedes negarle tu cuerpo a tu esposo, a menos que sea porque estás retirada para Dios y debes estar en acuerdo con él, el lecho no se manipula; se honra. *1 Corintios 7:5 NVI, "No se nieguen el uno al otro, a no ser de común acuerdo, y solo por un tiempo, para dedicarse a la oración".* La mujer no fue diseñada solo para planchar, lavar y cocinar, ¡NO! Pero, esto ha seguido sucediendo así porque hemos criado niños machistas. Decimos: *"No; los niños no limpian los trastes, no cocinan, no lloran, no lavan baños".* Luego, tenemos una generación de súper machos que no saben ayudar a levantar una escoba. Pero, ¿sabes quién los crió así? Tú y yo. Hemos fallado en ayudar a una generación

> **Una mujer que opera conforme a Dios será retribuida.**

balanceada que pueda entender que la familia es un gran equipo con responsabilidades en el hogar. Cuando creemos este tipo de plan de trabajo, la mujer al llegar la noche podrá estar con su esposo y darle mejor calidad de relación y él a su vez la honrará por saber mantener en orden lo que la Biblia le dejó como rol, ser edificadora.

La esposa tiene un poder sobrenatural al orar por su esposo. Una mujer que se dedica día y noche a orar por su pareja obtiene resultados eminentes, para bien o para mal. Sí, también para mal; al estar al lado de un hombre que no te ama y no desea cambiar, ni amar a Dios, el mismo Dios entra en acción y elimina de nuestro lado aquello que se interponga con su propósito.

Los hijos en el matrimonio pertenecen a un segundo plano. Este es el error craso que cometen muchas esposas. Luego que dan a luz olvidan el tiempo que merece su esposo. Invierten en sus hijos tanto tiempo que intercalan el espacio de sus esposos, olvidando que los hijos se casarán y formarán su familia. Cuando se vayan, ¿qué harás? Ya para ese momento tendrás contigo un hermano mayor llamado esposo; el tiempo pasa, se desconocen y ya no hay de qué hablar, nada en común porque se ha invertido muy mal el tiempo. La Biblia es tan clara con la posición del esposo que nos dice en *Génesis 2:24, "La mujer se unirá a su esposo y dejará padre y madre...",* mire si esto es tan importante para Dios que nos envía a dejar padre y madre, no a los tíos o primos ¡NO! Nos dice a los seres que más puedas amar los dejarás por dedicarte a tu matrimonio.

La palabra matrimonio consta de dos palabras Matri y Monio. Viene del latín *matrimonium, la cual proviene de matrem (madre) y moniun* (calidad de). Esta palabra compuesta es poderosa pues pone

51

al frente a la mujer con su contexto de matriz, fecundación, crianza y desarrollo.

Espiritualmente, la matriz es Dios, quien nos fecunda, Él mismo. Claro, debemos entender que no estoy llamando mujer a Dios, ni podemos olvidar que Él es espíritu, por ende, no tiene sexo aunque se relacione como Padre con nosotros.

Salmos 27:10 NVI, "Aunque mi padre y mi madre me abandonen, el Señor me recibirá en sus brazos" (Si aunque te deje varón o hembra Dios te recoge, entonces Dios tiene capacidad de mostrarse según tú le necesites ¡Qué hermoso es!). ¿Me entendió?

Volviendo a nuestra función de esposa, cuando perdemos nuestro rol abrimos puertas. Los hijos son herencia de Dios. **Salmos 127:3 NVI, "Los hijos son una herencia del Señor, los frutos del vientre son una recompensa".** No son nuestros. Muchas veces remplazamos todo por algo que es de Dios y solo debemos administrar sus caminos. Perdemos mucho como matrimonios, dejamos de disfrutar una noche de cine, una noche de playa, un mantecado en el jardín, una cena romántica y al querer regresar el tiempo… ya es muy tarde lamentablemente.

En mi caso, cuando conocí a mi esposo; era una mujer muy marcada. Por lo que, no fui la mejor pretendiente para él en ese tiempo, pero jamás se dio por vencido. Llegó a regalarme 7 sortijas ¡de compromiso!, las cuales conservo hasta el día de hoy. Él insistió una y otra vez, ya que no le decía que sí, cuando me proponía intentar una nueva relación a su lado. Casi dos años estuvo comprando cada vez una nueva para poder obtener el sí.

Hoy tengo 10 sortijas que él me ha obsequiado. ¡Lo admiro! Yo me hubiese rendido.

Ya para la ante penúltima vez, comencé a tomarlo en serio o formaría una joyería. Un pastor amigo me dijo: *"Ese chico te ama"*. Comencé a observar las sortijas; cada sortija tiene un significado, un tiempo, una historia, un intento para sanar el alma de una mujer muy decepcionada. Luego de casados, varios años después; pasamos por un fuego en nuestro hogar, lo perdimos todo y mi esposo volvió a regalarme una nueva sortija, ésta con bordes oscuros. El propósito de ella fue dejarme saber que en el tiempo más oscuro permanecimos juntos, amándonos, creyendo, apoyándonos y creyéndole a nuestro Señor Jesús. Él se quedó muy impactado al verme tan serena por lo ocurrido en nuestro hogar, solo habían pasado 7 meses de remodelar nuestros muebles, pasaron años sin que pudiéramos llevarlo a cabo. Aprendí que ellos (mi familia) se sostuvieron al verme a mi de pie, lo habíamos perdido todo, TODO.

> ❝ *¡Un matrimonio se hace grande, cuando Dios simplemente es el Grande sobre él!*

Decidí darle el tiempo que él merecía y aún más, ser hija de Dios, esposa y madre. Con el tiempo, siendo lo que Dios diseñó y manteniendo la prioridad en mi Señor Jesús, lo demás funcionaría. *Mateo 6:33 RVR1960, "Mas buscad primeramente el reino de Dios y su justicia, y todas estas cosas os serán añadidas".*

¡Un matrimonio se hace grande, cuando Dios simplemente es el Grande sobre él!

La esposa es la que balancea el hogar, Dios le dio esa estrategia y mientras más honre y le dé valor a su esposo, más Dios la eleva en lo espiritual. Miremos el ejemplo de la reina Ester. Si ella hubiese actuado bajo coraje no logra lo que conquistó **(Ester 5, léalo).**

Las emociones son tóxicas ante las decisiones imprevistas. Las esposas deben tener sus emociones sanas y alineadas a la palabra. Una mujer de emociones tóxicas toma decisiones improvisadas e inestables; por ejemplo, ve un mensaje de una mujer en el celular de su esposo y decide atacar en vez de dialogar. Una mujer insegura analiza bajo emociones mas no con la sabiduría que Dios le dio. Una mujer sin identidad escucha su corazón, pero no la voz de Dios. *Jeremías 17:9 NVI, "Nada hay tan engañoso como el corazón. No tiene remedio. ¿Quién puede comprenderlo?"*

Debemos entregarle a Dios no solo el corazón, sino toda nuestra voluntad; se nos llamó esposas y nuestro papel en el plan de Dios es tan importante que nos llaman corona del marido *Proverbios 12:4 NTV, "Una esposa digna es una corona para su marido, pero la desvergonzada es como cáncer a sus huesos".* Si somos coronas no nos comportemos como tiaras, estas son usadas por las niñas que celebran sus quince años.

Dios desea que tomes tu posición, que entiendas quién eres en Él y cuanta autoridad tienes sobre tu matrimonio. ¿Por qué crees que Satanás le habló a Eva? Ya él había estudiado a Eva y sabía que Dios no había hablado con ella cara a cara, era con Adán *Génesis 2:15-17 NTV, "El Señor Dios puso al hombre en el jardín de Edén para que se ocupara de él y lo custodiara; pero el Señor Dios le advirtió: Puedes comer libremente del fruto de cualquier árbol del huerto, excepto del árbol del conocimiento del bien y del mal. Si comes de su fruto, sin duda morirás".* Luego que pecaron, Dios le habló a ambos *(Génesis 3).*

Satanás sabía del poder de convencimiento que tiene una mujer al hablar, le bastaron varios minutos de dialogar con Eva para convencerla de su media verdad, él jamás hubiese convencido a Adán.

Si has fallado como esposa y reconoces que no has estado caminando en tu rol, inclínate hoy mismo ante Jesús, pídele al Padre que te dé la persona del Espíritu Santo, que te guíe, ayude y te dé sabiduría. Como profeta de Dios te digo: *"En menos de tres meses, si te encuentras con Dios, tu esposo, tu familia y tú verán un cambio radical en tu hogar"*.

Anota en este espacio lo que debes mejorar y si necesitas más espacio te dejo una página libre solo para ti.

_____

_____

_____

_____

_____

_____

_____

_____

_____

_____

_____

Comprométete con Dios en mejorar, Él te contestará y ayudará (esperaremos tu testimonio). Recuerda poner de tu parte y levantar clamor a Dios. ***Jeremías 33:3 NVI, "Clama a mí y te responderé, y te daré a conocer cosas grandes y ocultas que tú no sabes".***

6

Yo era la del error

¿Mi amor puedes traerme la mayonesa? le dije a mi esposo. *"Sí, claro"*, me contestó.

No pasaron cinco segundos cuando me dijo: *"No hay mayonesa"*. Le dije: *Amor claro que la hay, la compré ayer.* *"No está, no hay aquí"*, respondió él. Bajé malhumorada, muy molesta. Abrí la nevera y ahí estaba... le dije: *¿Eres ciego? Estaba en tus narices. Luego* con gestos de molestia en mi cara volví a mi lugar.

Jamás pensé que una "simple expresión", según yo, dañara tanto el corazón de mi esposo. En ocasiones somos tan dañinas al expresarle lo que deseamos y muy crueles en nuestro proceder. Dios es experto en hacernos entender nuestros errores para remediarlos antes que sea tarde, así que al día siguiente llegué a un taller que no me tocaba. Entré a esta charla en la universidad por equivocación. ¿A que no sabe cuál era el tema? **El cerebro del hombre es distinto al de la mujer.**

El psicólogo comenzó a hablar de como la mujer retiene y puede desempeñarse en varias funciones a la vez, mientras que el hombre tiene una función estable que debe terminarla para enfocarse en otra, a medida que el doctor hablaba yo me hundía en aquella silla.

¡Cómo explicaba el que somos tan distintos, pero tan perfectos por ser diferentes!, que Dios nos había creado así; que era parte de su plan, como el corazón de la mujer era distinto al del hombre y los porqués.

Cada vez que él mostraba más del comportamiento del hombre, sentía latigazos en mi corazón. Cuantas veces le hemos dicho a Dios cámbialo, haz algo y Dios viene y nos procesa a nosotras, por supuesto si las que debemos primero cambiar somos nosotras. Dios me dejó entrar en un proceso muy duro como esposa, el cual hoy agradezco, pues en mis inicios de casada (me imagino que es solo mi caso) yo deseaba ayudar a Dios y cada vez que metía la mano en la formación espiritual de mi esposo se ponía peor y menos quería saber de la Iglesia.

Un día le dije: *Señor, ¿qué hago?; ya no sé qué hacer. Le digo que lea libros, que ore conmigo en las madrugadas, que adore conmigo y nada pasa.* Y el Señor me contestó: **"Saca tu mano y déjame meter la mía".** Deseaba un rapto personal a semejante contestación.

Continuó diciéndome el Señor: **"Tu experiencia conmigo no es la misma que con él, lo que te perdoné a ti no es lo mismo que a él, de lo que te he limpiado a ti no es lo mismo de lo que lo he limpiado a él, la pasión que sientes por mí, no es la misma que él sentirá, yo tengo relaciones distintas con mis hijos; ¿acaso hablas tú con tus hijos de igual forma? ¿Confías en ellos de igual forma? No, ¿verdad? Pues no me digas qué hacer con mi hijo, al igual que tú, también es mío. Saca la mano de mi obra y déjame perfeccionarla a mi gusto".** Solo les diré que hasta hoy me duele el pecho de semejante confrontación.

Deseamos un hombre espiritual, mientras nosotras somos totalmente carnales. Si no hace la compra bien, le menospreciamos y resaltamos sus defectos olvidando las virtudes que poseen; deseamos que ganen dinero, pero a nosotras no nos cuesta gastar en cualquier especial en tiendas. Por naturaleza el hombre no invierte en mucho, pero sus inversiones son caras. Nosotras tenemos 20 pares de zapatos para solo dos pies, una cartera para cada calzado y una gaveta llena de bisuterías. A ellos... *"Lo que sobre del "closet" es tuyo amor"*. Le hemos dejado el 1% del "closet". Pero, no importa... no necesitan tanto espacio. ¿Verdad? ¡Qué más da! Que injusto.

Romper con esto es tan difícil, ya que es el patrón aprendido. Mi esposo es hermoso cuando hace lo que deseo, pero cuando no sigue mis instrucciones o falla en algo, la guerra de Hiroshima queda corta con semejante coraje que se puede formar. Lamento decirte, que en muchas ocasiones las del error somos ¡NOSOTRAS!

La forma en que le hablas a tu esposo, le valoras y consientes, es determinante para que el niño interior que en él hay no se desgaste *2 Corintios 4:16 NVI, "Por tanto, no nos desanimamos. Al contrario, aunque por fuera nos vamos desgastando por dentro nos vamos renovando día tras día".*

¡Sí! Desgastamos a nuestros esposos, los cansamos con problemas de familia lejana, chismes, historias de amigas que en verdad a ellos no les interesan, nos escuchan por amor. Pero, ¿qué le interesa a un esposo que a tu amiga su esposo le falló? ¿Qué les importa a ellos que no nos dieron el descuento de los zapatos en la tienda? Menos le interesa saber cómo el esposo de tu amiga le regaló flores a ella y los detalles. ¡No les interesa, créeme! Desean sentirse amados, respetados, sobretodo, honrados; aun llenos de imperfecciones como tú y como yo.

Haré una breve encuesta:

- ¿Cuál es el deporte favorito de tu esposo?
- ¿Cuántas veces compartes con él de este deporte?
- **¿Cuántas veces compartes con él y su familia?** *"Es que él no se lleva con ellos".* Ah y ¿cuál es tu función como esposa, si no es hacer que funcione?
- ¿Cuántas veces le has enviado flores al trabajo, le has llevado al cine, le has hecho una cena romántica? ¿Cuántas veces le envías un texto al día diciéndole que le amas y valoras como padre, hijo, amigo?

Contesta estas preguntas y evaluémonos. Como mujeres deseamos tanto de ellos que olvidamos darles.

Tengo un lema muy mío, si usted no alimenta a su esposo en casa como debe ser, los restaurantes de comida rápida están muy disponibles en cada esquina y son muy baratos. Me entendió. ¿Verdad?

Mira lo que dice la Biblia en el libro de ***Isaías 4:1 NVI, "...siete mujeres escogerán a un solo hombre..."*** Aun siendo casado, no les importará nada llevarse a tu esposo, son mujeres sin identidad. Solo desean decir: *"Un hombre entra a casa".* Alguien viene de vez en cuando, no importa pagarle motel, no importa pagarle el carro, mantenerlos no les importará. Desean solo tener un hombre a su lado; lo que usted no valore y se confíe demasiado, lo podrá perder en cualquier momento.

Hay tantas mujeres que se sienten bien siendo amantes porque no tienen valor propio. Son copias baratas de reemplazo, se conforman con el poco tiempo que se les dé; se conforman con tener relaciones sexuales, pero nunca han hecho el amor. Hacer el amor es privilegio de casados y es bendito delante de Dios.

¡Comienza por valorarte mujer, quien te quiere solo por momentos es porque jamás pensó en una eternidad contigo!

Debemos valorar las cualidades positivas de nuestros esposos, reconocerles cuando logren metas y lo hagan bien, ayudarles cuando no estén correctos..., no corregirles. No somos sus tutoras.

Mi esposo no sabía de plomería y el día que se dañó el baño él intentó arreglarlo más de tres veces y no funcionaba, pero mis palabras fueron: *Yo voy a ti, sé que podrás, iré a hacer jugo...*, cuando regresé había puesto todo en su lugar y

> *¡Quien te quiere solo por momentos es porque jamás pensó en una eternidad contigo!*

aún más, destapó la tubería de toda la casa. Le celebré su logro como lo más grande y desde ese día no hay nada en casa que Dios no haya capacitado a mi esposo para realizar y mi Abba me ha ayudado a tener las palabras correctas con su hijo, recuerda amado lector ¡es también su hijo!

Eclesiastés 4:9-12 NVI, "Más valen dos que uno, porque obtienen más fruto de su esfuerzo. Si caen, el uno levanta al otro. ¡Ay del que cae y no tiene quien lo levante! Si dos se acuestan juntos, entrarán en calor; uno solo ¿cómo va a calentarse? Uno solo puede ser vencido, pero dos pueden resistir. ¡La cuerda de tres hilos no se rompe fácilmente!"

7

Me casé con un hombre no con un Pastor

Luego de terminar de ministrar en un congreso poderoso junto a mi esposo, al salir del mismo nos topamos con una pareja de líderes que vinieron a despedirse. Nos dijeron: *"Dios les usó brutal, pero me hubiese gustado que su esposo tomara parte y ministrara la palabra. ¿Él no predica? ¿Él no hace nada? ¿Solo permanece a su lado callado?"*

Tomé a mi esposo de la mano sabiendo lo que podía contestarle, sonreí y le contesté: *"Me casé con un maravilloso hombre con un gran llamado profético y pastoral, de hecho, mayor que el mío"*. Ellos abrieron los ojos y se sorprendieron. Acentuaron con su cabeza y se fueron avergonzados, lo cual no fue nuestra intención.

Días después, el Espíritu le habló a mi esposo y le ordenó darle una palabra a aquella pareja y él procedió en obediencia a otorgarla. Ellos impactados, respondieron: *"¡Wow!, perdónenos por la percepción que de teníamos de usted"*. Mi amado esposo es de poco hablar (es mejor que así sea porque el que desee oírle que aguante lo que escuchará, jeje). Les contestó con tono muy suave: *"Tranquilo hermano, tenga paz. Otros, al igual que usted, ven a la ministro y su esposo al lado. Pero, la realidad es que yo veo a mi esposa, la que llega cansada, la que se da por el pueblo, la que ayuna por otros y la que cuando se enferma yo cuido. Soy quien la ayuda a orar para que Dios le hable a su pueblo, soy quien la deja sola en la habitación para que intime con Dios aunque sea mi tiempo de esposo, soy quien la comparte con muchos para que ella sea canal de bendición, soy el que guerrea por ella, la cubre, intercede y clama a Dios para que se mantenga de pie. Soy quien la ayuda a buscar en la Biblia, quien en cada salida ministra con ella y clama para que Dios esté de su lado. Hermano, no me coloque un micrófono en la mano, porque hasta los incircuncisos los usan. Déjeme tras las cortinas... ¡Mi función es mayor!"*

Luego de este diálogo, decidimos solamente oír a Dios y a hijos conectados con Él. Como esposa comencé a abandonar la presión que nos afectaba en los primeros años, ya que todos querían ver a mi esposo predicar, fuimos humillados y dudados; porque él se dedicaba a llevarme y cuidarme. Llegamos a tener diferencias porque yo deseaba que él "subiera de nivel", pero no porque Dios me decía, sino porque todos querían gobernar lo que ya Dios había posicionado.

Un día en particular, bajo una presión fuerte de varios líderes que me decían: *"¿Cuándo su esposo va a predicar? ¿Qué día estará listo?"* Me dije: *Ok, mañana le compro libros, lo preparo para que esté listo y a la altura que ellos esperan.* Al entrar al baño a ducharme y escuché a mi Señor decirme: **"Jackirys** (el cual es mi segundo nombre y al llamarme así ya sé lo que viene)**... ¿Quién lo llamó? ¿Tú, ellos o Yo?"** Le dije: *Tú Señor...* **"Y entonces, ¿por qué deseas ponerle un micrófono si él es más efectivo que muchos que lo tienen?"** *Señor perdón"*, contesté. *Es que como también lo llamaste,* *pensé que se podría*. El volvió a decirme: ***"Yo lo llamé y él está en función".*** Allí comenzó a revelarme cómo formó a David (detrás de cortinas) y superó a Saúl (ya usted sabe lo que me quiso decir); mientras otros no veían un Rey en David, ya Dios lo había ungido.

Desde ese día no permití a nadie más que faltara a la estima y respeto que mi esposo merecía, de hecho, me toca a mí hablar de él en este capítulo. Conocí a mi esposo, apartada del Señor. Es él quien me lleva a la iglesia siendo católico, Dios lo usó en un "pub" ¡Sí, léame bien! en el "pub", allí lo conocí y lo primero que me dijo fue: *"Tú no eres de esta área, jamás te he visto aquí".* Le dije: *De hecho así es, no frecuento este lugar; hoy vine porque una amiga me dijo que era su cumpleaños y me invitó.* Recuerdo como hoy... él con su bebida energizante en las manos, ya que no era consumidor de alcohol y yo con una botella de agua porque cada vez que intentaba tomar, desde mi juventud, mi cuerpo se intoxicaba y terminaba dos semanas recluida hasta que saliera toda impureza de mi cuerpo por vías de suero. Jamás mis padres se enteraban de esto (era trato de Dios para guardarme).

Mirándome fijamente él me dijo: *"No eres de este lugar, vamos ¡sal de aquí ahora!"* Le dije: *Estoy apartada de la Iglesia, no del Señor, como muchos a veces entienden y acusan a otros de la Fe.* Pero, este es otro tema. A esto, él me contestó, *"Ok, te entiendo... este no es tu lugar".* Y allí nació una linda amistad. Al tiempo me dijo: *"¿No conoces ninguna iglesia?"* Le dije: *Bueno sí, hay una cerca que me da curiosidad.* Él me dijo: *"Ok, te acompaño".* Les recuerdo que, en capítulos anteriores, conté que él encontraba a la peor pretendiente que pudiera tener... muy marcada, con cuatro hijos, que jamás en este tiempo alguien entraría en una relación así y rechazándolo en cada intento de acercarse a la mujer. Continué la amistad, pues solamente sería un buen amigo. Yo decía: *Bueno, él me llevó a Jesús de cierta forma; déjame ganármelo a él.*

Al final él era católico, pero el católico fue quien le predicó a la evangélica, jejeje; así es Dios... rompe moldes.

El decidió ser el padre de mis hijos, mi esposo, amigo, quien volara conmigo. Silenciando toda voz que dijera... pero, ella tiene cuatro hijos y no te dará más hijos, pero ella viene de esto o de aquello. Él solamente miró en mí a una mujer que necesitaba apoyo para volver a creer en ella misma y seguir las promesas de Dios para con su vida.

No todos podrán ver lo que vivimos, no todos sabrán que me casé con un hombre y no con un santo, ni un ministro. No todos entenderán que la que escribe hoy volvió al Señor porque un católico se atrevió a decirme ¡Regresa a casa! Aunque te hayan matado en el mismo templo, Dios te va a levantar. Fíjese que jamás recibí llamada alguna de alguien de la fe para que yo regresara a la casa del Señor, fue a través de un hombre, el cual es mi esposo, que Dios en un "pub" me profetizó... ¡Regresemos al Señor (recuerde, el no era cristiano, pero sí temeroso de Dios)!

> **Nunca permitas que posicionen a tu esposo por apariencia**

Mujer... a ti que me lees, pastora, ministro; nunca permitas que posicionen a tu esposo por apariencia, nunca le restes a lo que él es en verdad, sin gabán, sin micrófono. Nunca permitas que le menosprecien, él no es más por predicar, tampoco es menos. Él es tu esposo, quien se quedará con micrófono y sin él, cuándo todos se vayan. ***Deuteronomio 24:5 NVI, "No envíes a la guerra a ningún hombre recién casado, ni le impongas ningún otro deber".***

8

Llegó el diagnóstico

Una noche romántica me preparé para mi esposo y lo esperé en nuestra habitación. Mientras él salía del baño me recosté y pensé: *Jamás me he realizado el auto-examen del seno.* Así que comencé a chequearme, algo que todas debemos hacer y de repente encontré algo inusual. Esto bajó todo mi ánimo y el enemigo comenzó a tomar mi mente. Me dijo: *"Recuerda, es herencia. Tu mamá sufrió cáncer de seno, tu abuela perdió ambos senos y tus tíos tuvieron cáncer de próstata; ahora te toca a ti".*

Me sentí desesperada, pero con coraje, pues la voz infernal fue muy clara. Mi desespero no vino por lo que sentí, sino porque él, el adversario, habló más rápido que mi fe y lo escuché más rápido que a mi Padre Celestial. ¿Será que mis emociones corrieron más fuertes? Entendí que el temor es la puerta que lo acerca (al adversario) y decidí cerrarla.

Me hablé y dije: *No me ha dado Dios espíritu de cobardía sino de poder y dominio propio.* Me dije: *Cálmate y relájate.* Luego de esto mi esposo entró y la noche que sería hermosa ya estaba nublada... Me dijo: *"¿Qué te pasa?"* Le dije: *Amor, me noté esto.* Mientras peleaba en mi mente por sostener la fe, mi cuerpo decía otra cosa y él lo notó; así que le pasé mi temor. Por no ser prudente, mi noche romántica fue una noche de miradas y posibles resultados. El temor puede destruir tu vida en un segundo, pero también es contagioso, y peor aún, se hereda si no lo cortas.

Recuerdo a mi madre que me decía: *"No entres al mar, ni a la playa"*. Descubrí que me infundió su temor, toda la vida crecí con pánico al mar. Sin querer estaba haciendo lo mismo con mis hijos. Hasta que Dios me habló. Me dijo: ***"Esto ha venido en tu generación: miedo a los lagartijos, a las cucarachas y un sinnúmero de cosas"***. Cosas que nos dominan por falta de conocimiento.

Luego de esa noche, mi intimida con mi esposo cambió; existía un poco de temor. Mi esposo por cuidarme no quería tocarme mucho, tenía temor de lastimarme. Temor que infundí yo.

Así que asistí al médico, quien rápido me envió a hacer una mamografía por mi historial familiar. Cuando llegó el resultado me dijo: *"Rita, en efecto hay una masa. Debo hacer una biopsia"*. ¡Imagínese usted! Para mí me estaba mandando a matar, jamás había tenido que ir a un médico para nada; solo por rutina.

Llegó el día de la biopsia, me levanté tranquila porque días antes le había dicho a una profeta por medio de un mensaje por las redes: *"Me pasó esto..."* Su contestación fue tan inmediata que no me dejó ni explicar. Me dijo: *"Será negativo el resultado. ¡Ten paz!"* Creí en ella porque la palabra del Señor dice: ***2 Crónicas 20:20 NVI, "¡Confíen en sus profetas, y tendrán éxito!"***

Llegó el día del procedimiento. Mi esposo, mi madre y dos de mis mejores amigas me acompañaron; mis inseparables amigas: Veriliz Falú (la licenciada) y Mary Martínez (la pastora y asistente de nuestro ministerio). Todo estaba bien en sala, las veía tratar de entretenerme y hacerme reír. Pero, el rostro de mi madre y el de mi esposo era como: *"Todo va a estar bien, eso esperamos"*.

Cuando llaman mi nombre para entrar, todos me abrazan. Parecía una despedida del país. Mi madre y mi esposo querían pasar, pero les dijeron que no. Entiendo que el amor a los nuestros nos hace querer entrar con ellos a todos los procesos.

Al llegar a sala, me colocaron la bata. No sé para qué la ponen si uno queda todo desvestido por detrás, jajajaja. En este caso era peor, pues la abertura iba para el frente. Entré al cuarto que estaba muy frío, lleno de instrumentos nada agradables y comenzó los pensamientos: *Señor otra vez pasando duras pruebas. ¿Ahora por qué?* Siempre nuestra humanidad querrá saber si merecemos o no lo que nos sucede, recuerde esto solamente muestra nuestra humanidad, no su divinidad.

Le dije: *¡Abba, tengo susto, no me gusta aquí!* Entré en un pánico que el cuerpo me temblaba. De repente ¡SU VOZ!, su maravillosa voz me dijo: ***"Mírame estoy aquí a tu lado. ¿Por qué no me has mirado, por qué no has podido verme? Vamos desiste del temor para que me puedas sentir".*** Justo cuando se acercaba el médico, vi sobre él, el cuerpo de mi Señor. El médico me preguntó: *"¿Por qué sonríes?"* Le dije: *Porque no estamos solos, todo saldrá bien.* Me relajé, me anestesió y estuve todo el proceso hablando con ellos. Al final me preguntó el médico: *"¿A qué te dedicas?"* Y dije: *A predicar del Señor Jesús.* Me dijo: *"Ya sabía, tu paz no es común. Que* *tengas lindo día, todo saldrá bien,* acentuó.

Salí muy bien, sin mareos y caminando por mis propias fuerzas. Cuando llegue a la sala de espera, mis familiares se pusieron de pie y me dieron: *"Pero, te esperábamos en silla de ruedas o algo así",* yo los miré y les dije: *Vámonos a comer, tengo un hambre que me los como a todos. Ellos* sonrieron y se miraban, mientras yo solo pensaba que pase una más de su mano.

Varias semanas después llegaron los resultados. Estaba en mi casita, aquella que se había quemado hacía apenas 4 meses, con una carta en las manos, viendo si la abría o no. Pero, dentro de mi retumbaba la palabra de esta profeta que me había dicho: *"Será un resultado negativo. NO tienes nada".*

> **La fe no niega la realidad...**

Abrí el sobre y dije: *El cáncer necesitaba un cuerpo que lo detuviera en mi generación como también detuvo la brujería, este será el cuerpo,* dije en voz de autoridad, *mi cuerpo que fue limpiado de su pecado negro por su sangre rojo carmesí.*

¡Cáncer hasta aquí llegaste! ¡RESULTADO NEGATIVO, MASA BENIGNA! No hay posibilidad de cáncer.

Léeme bien... **¡No tiene posibilidad el cáncer. Ni en tu cuerpo, ni en mi cuerpo, por el poderoso nombre de Jesús, amén y punto.**

Las marcas de una mujer son varias y en momentos parecen de muerte: cesárea, parto natural, biopsia, estrías, arrugas, entre otras. Pero aprendí que las leonas que sobrevivieron a grandes depredadores, para mostrar que ganaron tal enfrentamiento, necesitan (evidencias) cicatrices.

I AM A WARRIOR, I AM ONE!

Yo llevo muchas marcas y de su mano he vencido... por medio de Cristo Jesús, que me hizo más que vencedora. Todo obra para bien. ***Romanos 8:28-39 NVI, "Ahora bien, sabemos que Dios dispone todas las cosas para el bien de quienes lo aman, los que han sido llamados de acuerdo con su propósito. Porque a los que Dios conoció de antemano, también los predestinó a ser transformados según la imagen de su Hijo, para que él sea el primogénito entre muchos hermanos".***

La fe no niega la realidad... el temor tocó mi puerta, pero mi fe en Jesús, sostuvo el milagro, amén.

Diagnóstico del hombre:

Name: ARIAS CRISOSTOMO, RITA J   02/24/2018 10:52:52
Impression: left breast suspicious findings for malignancy,

BI-RADS category: Left breast-category 4.

Diagnóstico de Dios:

Name: ARIAS CRISOSTOMO, RITA J.   02/24/2018 10:51:41
Impression: Left breast with benign pathology, site of biopsy, in the middle third, at 8:00, myxoid fibroadenoma. Concordant.

73

9

Le di su lugar, tomé el mío

El orden de escribir este libro no está basado según la temporada de los sucesos, pero sí está según el deseo de Dios.

Luego de ser madre soltera y de acostumbrarme a hacer todo por mi cuenta y luchar por mis hijos, era relativamente muy difícil acostumbrarme nuevamente a alguien que me ayudara o decidiera por mí; fue muy difícil. Habiendo vivido y superado esta etapa en mi vida deseo mostrarte cómo Dios puede sanarnos y hacernos crecer de la forma menos esperada.

Mi esposo decidió sacar un tiempo de vacaciones para nuestra familia, que suena muy hermoso para cualquier mujer que jamás ha tenido que ser padre y madre a la vez, pero esto para mí fue un caos; pues según mi punto de vista decidió por mí y sin mí. **Qué cosa más horrenda,** pensaba yo. No sabía nada, no me dijo nada, ya tenía una tormenta hecha, así que ya usted sabe, tenía el huracán listo para azotar y estaba a punto de ebullición.

No me había percatado de que él deseaba llevarnos a descansar, era una sorpresa y las sorpresas no se dicen, pero como me acostumbré a hacerlo todo sola, ya había perdido el sentido del compañerismo.

Yo tomaba mis decisiones y manejaba mis finanzas, había olvidado que la palabra dice "Es mejor dos que uno", sin olvidar que al final Dios creó dos para que fueran uno. *Génesis 2:22-24 NVI, "De la costilla que le había quitado al hombre, Dios el Señor hizo una mujer y se la presentó al hombre, el cual exclamó: Esta sí es hueso de mis huesos y carne de mi carne. Se llamará "mujer" porque del hombre fue sacada. Por eso el hombre deja a su padre y a su madre, y se une a su mujer, y los dos se funden en un solo ser".*

Ya sabrá cómo me sentí cuando mi esposo decidió decirme: *"Descansaremos en familia, te tenía una sorpresa".* Mi cara valía menos que un limón verde con azul, estaba avergonzada. Comencé a entender que cometemos errores feroces. Las mujeres que hemos sido madre soltera, lo cual no es la voluntad de Dios; se nos hace difícil lidiar con volver a compartir decisiones con nuestra pareja. Pasé tiempo en la presencia de Dios día y noche al principio de mi matrimonio, para poder ser una esposa completa, dejar de decirle a mi esposo cómo hacer las cosas y darle instrucciones frente a las personas. No actuaba con mala intención; no deseaba avergonzarlo, pero la mujer líder solitaria que se formó se sentía capaz de tanto que olvidó el gran regalo que Dios le estaba dando para que ella no llevara sola su carga.

Dios sanó esta área en mí, luego me dejaba dirigir y comencé a disfrutar del cuidado de mi esposo, le di su lugar y tomé el mío.

No pasó así para nuestra amiga real Annie. La conocí en una sección de consejería, se casó muy enamorada y con unos sueños hermosos. Ambos comenzaron asistir a la iglesia; todo marchaba muy bien hasta que su esposo quedó sin trabajo y ella sostenía todo. Los primeros días todo marchaba bien, pero al pasar las semanas, ella comenzó a comprar para ella y sus hijas gemelas, sin embargo, para su esposo nada. Ella le reclamaba por la gasolina, por la comida y por todo. Ella tenía un gran hombre que estaba viviendo un mal momento, quizás el peor, pero como ella se sentía tan auto-suficiente y próspera en sus finanzas, el pasó a ser el don nadie de la casa.

Día y noche él vivía bajo humillación. Ella le decía frente a sus hijas: *"Esta casa la pago yo, es mía y hago aquí lo que deseo. A mis hijas me las tratas con amor que ellas están en su terreno y ellas pueden comer todo lo que deseen de la nevera".*

Él se esmeró por conseguir trabajo para poder cumplir con su responsabilidad, pero todo lo que conseguía no era suficiente. Annie lo botaba de la casa cada vez que quería, le decía: *"Dale gracias a Dios que yo estoy aquí contigo porque ninguna mujer aguanta esto".* Sacaba a relucir todo lo que le compraba a él, ella solo estaba revelando lo que tenía muy dentro y que salió en el momento menos esperado.

> **Aquello que entierras, te tocará volverlo a sacar con la misma mano.**

Esta mujer había clavado hondo una daga mortal e ignoró por completo que aquello que entierras, te tocará volverlo a sacar con la misma mano. Se acercaba el tiempo crítico para ella, este hombre comenzó a pegarse a Dios, a congregarse, a buscar su presencia.

Jamás fallaba a un servicio y llegaba temprano. Comenzó a trabajar por su cuenta y a ordenar toda su vida. El día menos pensado, llegó muy contento a su hogar y ella no lo escuchó, ni siquiera lo dejó saludar.

Al entrar en la casa lo botó inmediatamente, él llegaba con una hermosa noticia que ella no deseó ni escuchar. Él recogió todo y se fue. Transcurridos unos meses, ella regresó a la consejería, contándonos todo esto. Él se mantuvo en la iglesia y ella sola con sus gemelas, las cuales estaban embarazadas y sin contar con ayuda de nadie, ni aun con los padres de sus hijas adolescentes. Se vio envuelta en todo tipo de tristeza y abandono. Ahora sostenía a cuatro... ella sola.

Al cabo del tiempo, se lo encontró nuevamente en una tienda; aún casados, pero separados. Ella le dijo: *"Que bien te ves. ¿Cómo estás?"* Él la miró y le dijo: *"Dios te bendiga, estoy muy bien, ¡Dios ha sido bueno!"*

"Y, ¿cómo te va?", preguntó él. Ella le dijo: *"Muy sola. Mis hijas me tratan mal, ya soy abuela. Ellas se van y me dejan las niñas, no me acompañan al hospital; estoy teniendo mucha asma. Estoy muy ansiosa y desesperada"*. Él le dijo: *"Que triste, no deseo que estés así"*. Al escuchar su contestación, ella dijo en llanto: *"Te he tratado mal, te humillé, defendí a mis hijas más que a ti, cuando tú eras mi esposo. Aunque ellas estaban primero que tú, no debieron ocupar tu lugar, te saqué del hogar y he fallado, me creí que todo era mío, jamás me uní a ti, jamás me uní al matrimonio, estoy tan arrepentida"*.

Él la abrazó fuerte y le dijo: *"Estuve orando por ti, para que me dejaras ayudarte; ayuné para que sanaras y supieras que sola no podrías, cada vez que me botaste dormí en mi carro y esperaba que entraras en razón. El día que me pediste que me fuera, llegaba a decirte que tenía negocio propio y que había conseguido todos los permisos. La segunda noticia era que compré un apartamento para nosotros dos y así podrías dejarle la casa a tus hijas. No me atrevía a decirte nada; yo sabía que ellas no estaban haciendo las cosas bien, pero me habías prohibido ayudarte con tus hijas aunque yo las sentía mis hijas también. Me habías amenazado y no podía comer las comidas ni tocar nada. Te veo así y me duele. ¿Quisieras darme la oportunidad de ayudarte? ¿Me permites tomar mi lugar? Yo te perdoné y aún te amo".*

Ella le contestó: *"Claro, ayúdame, por favor".* Él le dijo: *"Lo primero que debemos hacer es regresar juntos a la iglesia y al Señor, otra vez como familia".* A lo que ella accedió.

Todo marchaba de maravilla, pero al regresar a la casa las hijas de Annie se opusieron y se pusieron muy violentas. Le recuerdo que él había comprado un apartamento y estaba en remodelación, por ello regresó a la casa de ella. Comenzaron a faltarle el respeto, a ensuciar la casa al extremo que él la tuviera que limpiar, todo pasaba cuando la mamá no estaba.

Él... callado; amaba tanto a su esposa que no quería volver a perderla, pero un día (siempre llegará el día que Dios llegue al auxilio de sus hijos) ella llegó más temprano y él estaba cocinando y fregando. Las gemelas sentadas con el celular, hablándole muy mal a él y burlándose. Annie observó todo desde la ventana. Callada y con el corazón desgarrado presenció lo que su esposo vivía, por causa de sus hijas.

Entonces, ella tomó su "gran lugar". Confrontó a sus hijas y les dijo: *"De hoy en adelante tienen un mes para buscar cómo mudarse. Ya que fueron adultas para ser madres, ahora serán responsables de ustedes y sus niñas. Les ayudaré siempre que Dios me permita, pero ustedes no respetaron mi hogar y matrimonio, ya no más. Tienen 30 días para resolver".*

Las jóvenes comenzaron a llorar y a pedirle que las dejara terminar de estudiar para ellas irse y poder sostenerse. Ella dijo: *"Les daré una oportunidad"*. Obviamente, ella contaba con la aprobación de su esposo. *"Esta oportunidad que les doy es bajo estas reglas: tienen que obtener buenas notas, sus hijas las cuidan ustedes, respetarán a mi esposo, ayudarán con los quehaceres en el hogar y tendrán un "part-time" para sostener sus responsabilidades y luego que terminen sus estudios, se van"*.

Ellas aceptaron sin titubear, estaban viendo a su mamá darle el lugar a su esposo, ella tomar el suyo y a su vez honrar la palabra de Dios.

Increíble lo que se logra cuando decidimos bajo el orden de Dios. Ellos se fortalecieron como familia y permanecieron juntos. Hoy en día, él es el mejor padrastro que las gemelas hayan podido tener.

El papel de un padrastro en un tiempo como este ha sido muy lacerado, en muchas ocasiones con razón; como madres debemos conocer la persona que estará cerca de nuestros hijos. No podemos entrar al hogar a nuestra posible pareja sin saber de dónde procede. He conocido casos de mujeres que se enamoran y olvidan su gran responsabilidad de cuidar sus hijos e igualmente a caballeros que han quedado al cuidado de sus hijos. No dedican tiempo en saber quién estará representando la cabeza del hogar, esto es tan importante que hasta Dios contó con el mejor padrastro para Jesús. Veamos este relato que se lee muy livianamente en muchas ocasiones. ***Mateo 1:18-24 (Léalo)***.

José, antes de que el ángel se le apareciera, estaba considerando no avergonzar a María y mantenerlo oculto. Léame bien, él estaba comprometido con María y ella se embarazó, NO era de él.

Dejemos nuestra mente tan espiritual por un momento y miremos la realidad. Imagínese que le digamos a nuestros esposos que estamos embarazadas y que fue obra de Dios, en un tiempo como este ya usted sabe el escándalo que se forma.

Observemos el proceder de José. Él pudo decirle al ángel: "Gracias, pero no; busque al que la embarazó para que se case con ella". Él no hizo eso, mas bien escondió la falta que supuestamente María pudo haber cometido. Le creyó al ángel, le creyó a María y comenzó un proceso de cuidado de María. Al nacer el niño lo escondió para que no lo mataran, él no tenía que hacer eso. De hecho, pudo aprovechar la oportunidad y dejar que el Rey Herodes lo matara, recuerden que no era de él.

Las oportunidades de José fueron muchas, él podía dejar a María sola en el pesebre, abandonarla cuando Jesús se perdió en el templo **(Lucas 2:41-50)** él tenía una nueva oportunidad para dejar este escenario y toda esta trama que era muy vergonzosa dentro del pueblo judío.

José hizo tan buen papel que Jesús aprendió la misma profesión que él. *Marcos 6-3 NVI, "¿No es acaso el carpintero, el hijo de María y hermano de Jacobo, de José, de Judas y de Simón?"* Las personas asociaban a Jesús con su padrastro, esto nos hace ver que hay quienes realizan una gran tarea. ¡Sí, hermano! Jesús tuvo padrastro y fue el mismo Dios quien escogió la paternidad de Jesús aquí en la tierra. Por ende, sí, hay hombres que hacen un buen trabajo como padrastros y asumen la función que otros han dejado vacante, merecen honra, respeto y sobre todo que se les dé su lugar. Nosotras como mujeres sabias de Dios tomemos el nuestro.

La mujer es gloria del varón siempre y cuando no afecte el lugar que debe ocupar. *1 Corintios 11:7 NVI, "El hombre no debe cubrirse la cabeza, ya que él es imagen y gloria de Dios, mientras que la mujer es gloria del hombre."* Amén.

10

Me perdoné, lo perdoné, nos perdonamos

¿Cuántas veces debemos perdonar? Veamos qué dice la Biblia sobre el Perdón. *Mateo 18:22 NVI, "No te digo que hasta siete veces, sino hasta setenta veces siete, le contestó Jesús".*

Jesús dio este número... hasta 70 veces siete, no porque sea la cantidad de perdón por persona. Él se refiere aquí a que debemos estar dispuestos a perdonar cuantas veces sea necesario. Entendamos hoy claramente qué es el perdón: ¡Es olvidar! Cuando usted y yo perdonamos realmente es porque ya hemos olvidado. Usted puede tener memoria, mas no dolor.

Ahora bien, ¿qué dice su palabra acerca del adulterio? *Mateo 19:9 NVI, "Les digo que, excepto en caso de inmoralidad sexual, el que se divorcia de su esposa, y se casa con otra, comete adulterio".*

Cuando leemos este versículo vemos que está claro que por adulterio hay razones de dar cartas de divorcio, no solo existe este texto; hay un sin número de ellos. Pero, lo más importante aquí es ¿cuántas veces debo soportar la infidelidad? Ninguna.

Dios mismo dio carta de divorcio a su pueblo Israel por adúltero, adoró a otros dioses y le fue infiel a Dios, vayamos a la palabra *Jeremías 3:8 NVI, "y vio también que yo había repudiado a la apóstata Israel, y que le había dado carta de divorcio por todos los adulterios que había cometido"*.

Con esto quiero decirte que no debemos soportar este tipo de repudio. La Biblia le llama repudio a este acto de rechazo que puede ser practicado por hombres y mujeres que no están alineados a Jesús. La situación es que la infidelidad es tan dañina como el cáncer, va consumiendo cada parte importante del cuerpo: esposa, esposo, hijos, hijas y toda la familia.

Es la estrategia más dañina que el adversario usa para romper las familias y que no se puedan reparar luego de esto. El adulterio es una fruta que se ve como manzana, siendo una serpiente; y comienza de la forma menos esperada: por una mirada, un mensaje, una conversación incorrecta. Siempre se presenta inofensiva y aparentemente sin ningún plan visible, lo cual no es real. El adulterio se trabaja antes de dejarse ver. Quiero decir, esta semilla se siembra sin que nadie la vea, Satanás no puede leer la mente, pero observa cómo va la relación para ver el área más vulnerable de la misma y atacar. Algunas de estas áreas son: la falta de intimidad de la pareja, los problemas económicos y la rutina; entre otras.

Cuando Satanás ataca un hogar es porque llevaba mucho tiempo ya infiltrado y rondado el área, recuerde que él es un ladrón que vino a matar y robar, los ladrones entran por espacios y huecos no cuidados (descuidados) y brechas. Dios nunca le dirá que no restaure si hay arrepentimiento genuino. El problema está en que, si usted vive un patrón donde el comportamiento ha sido repetitivo y no hay cambios, usted ya no se valora. Muchos matrimonios tienden a permanecer juntos por los hijos y sin saber lo mucho que los hijos agradecerían que terminaran con la apariencia del matrimonio perfecto en la calle y el infierno en la casa.

Luisa y Mario son una pareja de pastores con una mega iglesia, llevan 16 años juntos. Luego de dedicar muchos años al ministerio y a los demás, pero no a ellos, comenzaron a experimentar una crisis fuerte. Mario pasaba más tiempo en el teléfono que en la Biblia y Luisa estaba afanada por los hijos y por tratar de que todo en el ministerio fuera viento en popa. Poco a poco se fueron distanciando sin darse cuenta, ya eran casi extraños. Llegaban a dormir cada uno en su lado y al día siguiente todo el mundo a sus labores nuevamente.

Luego de varios meses en esta etapa, Mario se encontró con una dama en el banco y mientras estaba en la fila la vio llorar y él, muy amable, sin ninguna mala intención le dijo: *"¿Usted está bien? ¿Le puedo ayudar?"* A lo cual ella contestó avergonzada: *"No caballero, gracias"*. Pero, continuó llorando. Mario le dijo: *"Le cedo mi turno, así avanza y puede irse"*. A esto ella replicó: *"Lo menos que quiero es ir a casa"*. Y él, le comentó: *"Dama, usted no está bien. Siéntese aquí en lo que nos llaman, así se recupera"*. La mujer comenzó a relatarle el "supuesto drama que vivía con su esposo", que ella era una buena mujer, su esposo la maltrató y ella era fiel, atendía su marido, era buen amante, pero que él quería estar en la calle y ella era una mujer de su casa. Así que, ya Mario tenía una película de esta pobre mujer.

Mario estaba conmovido con tanto dolor y decidió darle su número para consejería. Por lo que la segunda reunión fue en una cafetería.

Ya allí, la mujer más repuesta y maquillada le habló a Mario de "la desgracia de su vida." De lo que Mario no se percató fue que ya la semilla estaba sembrada, jamás le pasó por la mente preguntarle si es tan malo tu esposo, ¿por qué sigues con él?

Para muchas de las infidelidades la excusa es que mi esposa no me entiende o es que mi esposo me maltrata. Ok, ¿Y por qué sigues ahí? ¿Por los niños? Mentira, nadie se queda en un lugar o con alguien sin sentir. Aunque sea costumbre, pero algo siente.

Así que, continuó la consejería de dos, no de cuatro como debía ser. Un día la reunión se hizo más larga, ya comenzaban a compartir de cosas en común que tenían. No falla Satanás en inventar cuentos que solo son para hacerte caer en secreto, para luego exhibirte en vergüenza en público. No pasó mucho tiempo en el cual ya el Pastor estaba atado sentimentalmente a esta nueva persona, él cayó en las trampas de aquel a quien él le predicaba en contra. El enemigo le ganó, al parecer.

> **" No falla satanás en inventar cuentos que solo son para hacerte caer en secreto, para luego exhibirte en vergüenza en público.**

La esposa se enteró, pero luego de meses separados ella decidió recibirlo nuevamente. Mario estaba arrepentido, muy arrepentido y ella decidió darle la oportunidad a él; por la iglesia, por sus hijos y por el famoso ¿Qué dirán? Buscaron terapias matrimoniales y todo comenzaba a darse bien, pero ella había rescatado rápido el matrimonio, sin procesar su dolor. Error que comenten muchas. Así que ella, por apariencia, volvió con él sin sanar la herida mortal que tenía en su corazón y alguien tenía que cerrarla. En este caso, ella escogió la peor persona, que es la misma que otras escogen, él.

Así que este hombre regresó arrepentido y con mil deseos de vivir con ella lo jamás vivido, poder estar con ella y hacerla feliz. Él se sentía perdonado, así que estaba feliz. Llegaba con detalles y estaba sumamente amoroso, pero un día entró una llamada no esperada y él la contestó delante de ella. No tenía nada que ocultar, pero él colgó al no conocer el número ni la persona que llamaba. Pero, ella explotó y comenzó a reclamarle, a pelearle y a dudar. Él le dijo: *"Amor, de verdad no sé quién llamó"*. Ella no le creyó, recuerden no había sanado. Día y noche a cada error de él, ella le recordaba lo mismo. A cada duda de ella, lo volvía a culpar de aquella infidelidad que él olvidó, pero ella no. Ella traía a la ex-amante de su marido a la mente de él con cada arrebato de esa herida abierta.

Se comparaba constantemente en el sexo, en todo. Día a día fue matando el corazón de su esposo y una noche él le dijo: *"¿Sabes qué? Regreso con mi amante, porque es lo mismo vivir aquí contigo y con ella, que estar con ella solo. Yo la olvidé, yo no la recuerdo, pero tú no la olvidas y me haces recordar capítulos que ya cerré con ella. Y sé que ella jamás te mencionará. Decidí regresar porque te amo, pero tú no me amas, jamás me has perdonado porque no logras olvidar. ¿Para qué deseaste volver? ¿Por qué deseaste que regresara si ahora estás peor? A cada error que cometo me vuelves con lo mismo, me verificas el celular constantemente, los emails, todo"*. Él en tono fuerte le dijo: *"Tú no tienes vida y tampoco me dejas vivir"*.

Realmente, este hombre estaba arrepentido, pero se fue de la casa y alquiló un apartamento solo. Ella ante semejante revelación buscó ayuda y cambió, meses después regresó con su esposo y Dios restauró su matrimonio.

Muchos matrimonios que han pasado por esto no superan su crisis, por no saber sanar y restaurar sus corazones porque permanecen viviendo en el pasado. La puerta que Dios cerró, cerrada debe permanecer. No debemos por ningún motivo volver a abrirla porque luego no tendremos ningún derecho de decirle a Dios que cierre lo que constantemente abrimos. Ella lo perdonó, se perdonó, ambos se perdonaron.

2 Corintios 5:17 NVI, "Por lo tanto, si alguno está en Cristo, es una nueva creación. ¡Lo viejo ha pasado, ha llegado ya lo nuevo!" La parte más importante de este texto es: "Las cosas viejas pasaron he aquí todas son hechas nuevas".

11

Dejemos entrar al dueño del matrimonio

Dios soñó con tener unidad y habitar en medio de su pueblo, veamos cómo la Palabra refiere este sueño de Dios, *Éxodo 25:8 NVI, "Después me harán un santuario, para que Yo habite entre ustedes"*.

Él deseaba tener un lugar donde pudiera encontrarse con los suyos, su deseo era entrar en nuestra vida por completo. ¿Quién mejor que aquel para manejar la obra, que Él mismo que la ha esculpido?

Los hogares hoy en día no se sustentan porque la zapata del mismo, Jesús, ha sido reemplazada por los celulares, Netflix, cines y servicio en las iglesias en exceso; si están más en el templo que con sus familias, esto no permite al matrimonio tener vida de familia. Imagínese usted: lunes servicio de oración, martes ensayo, jueves liderazgo o reunión, viernes jóvenes, domingo servicio regular y ¿la familia dónde queda? Imposible sostener un hogar, cuyo centro no es Dios y ellos tampoco se vean, ni compartan.

El que vayamos con frecuencia a la iglesia no garantiza una vida sana y menos elevada en lo espiritual. ¡No lo garantiza! Jesús acudía al templo a enseñar *Mateo 4:23: NVI, "Jesús recorría toda Galilea, enseñando en las sinagogas..."* Su intimidad la tenía a solas y mayormente en el monte. *Lucas 5:16 NVI, "Él, por su parte, solía retirarse a lugares solitarios para orar".*

Déjeme platicarle de una experiencia que vivimos mi esposo y yo hace años. Salimos a ministrar fuera de Puerto Rico a un congreso de matrimonios, lo recibirían líderes, solo líderes. Así que le dije a mi esposo: *Amor, luego que oremos y entremos en la presencia de Dios esto es pan comido. Recuerda negro,* (así suelo decirle de cariño, ya que amo su color de piel) *esto es para líderes, será muy fácil.* Él me miró con esa cara de profeta nada sorprendido por lo que viviríamos y me dijo: *"Dios nos llevará a aprender".* Lo dijo sonriendo (déjeme soltar esto de mi sistema), mi esposo es de muy poco hablar, pero cuando habla y sonríe, es para asustarse. Muchos piensan que yo soy la fuerte en mi hogar, mírelo de esta manera: yo soy la súper gracia y él es extremadamente la ley. Por favor, si usted llega a conocerlo no le hable de estas líneas. Hagámonos el favor, jejeje.

Llegamos a nuestro destino, ya estábamos en la nación de nuestra próxima asignación divina (así le llamamos a nuestras encomiendas en el Señor). Al llegar a esta nación, las temperaturas eran exageradamente frías, así que decidimos seguir del aeropuerto al lugar donde nos hospedaríamos; contrario a lo que hacemos cada vez que viajamos que es detenernos a comer en algún lugar que no hayamos probado. Así que entramos al apartamento de las personas que nos recibirían por estos días, eran los líderes de matrimonios de la iglesia por lo que todo estaría "relax", podríamos estar en un lugar donde se nos haría fácil entrar a la presencia de Dios y rogarle que fuera Él, una vez más, en nosotros.

A los pocos minutos de entrar en la casa, comencé a percibir en mi espíritu algo muy raro, quienes son cercanos a mí saben que no tengo filtros, se me nota demasiado cuando algo no me gusta o no anda bien. Así que mi esposo me miró y me dijo: *"Vamos a la habitación y descansemos un rato"*. Luego de entrar le dije: *Amor, aquí algo no anda bien.* Él me dijo: *"¿No? ¿Cómo crees? Son los líderes. Están felices de recibirnos".* Le dije: *Amor, mis alertas están en alerta,* valga la redundancia, ya él sabe que es la profeta que le habla, no la mujer. Me dijo: *"Amor, ¿qué percibes?"* Le dije: *Veo violencia doméstica en este lugar, al igual que contiendas constantes y terceros metidos en medio de este matrimonio.* Mi esposo me miró y me dijo: *"Óyeme, lo que ves es un caos."* Le dije: *Algo no me da paz, hay un olor raro.* Él me miró y me dijo: *"Amor, no comiences con los olores. ¡Eso sí es serio!"* Dentro de los dones que el Espíritu Santo me ha dado, uno es que puedo oler las atmósferas.

Dios mismo percibe olores y somos perfume cuando le adoramos y andamos en Santidad delante de Él. ***Ezequiel 20:41 NVI, "… los recibiré como incienso agradable y les manifestaré mi santidad".***

Cuando me dirigía a la cocina, escuché unos gemidos, como de llanto. Rápido le dije a mi esposo: *Vámonos de aquí.* Me dijo: *"Pero, ¿cómo? Son las 3:00 de la mañana. ¿A dónde iremos? No sabemos nada de acá, además; ministramos mañana muy temprano. Amor, no tenemos buena ropa para este frío."*

En mí entró un desespero y solo le decía: *Vámonos, por favor.* Él me pidió: *"Vamos a orar, tranquilízate."* No me atreví a decirle a mi esposo lo que vi hasta después, pero usted lector, no tendrá que esperar tanto. Le diré… pude ver cómo los demonios que vivían dentro de su esposo, "el líder", la golpeaban y maltrataban a ella por habernos recibido, escuché la voz de este hombre incluso a puertas cerradas decirle: *"¿Por qué están aquí? ¡No los quiero aquí, ellos me afectan!"* Léame bien, ¡nosotros afectamos la atmósfera donde opera Satanás!

Al día siguiente, ya que mi esposo no quiso que saliéramos por el peligro al cual nos exponíamos por la baja temperatura y lo lejos de la cuidad que nos tocaría predicar, le dije a mi esposo: *Hablaré con ella para asegurarme de que lo que vi en mi espíritu y escuché, sea cierto.* Aún sabiendo yo que lo era, me negaba a pensar que los líderes de matrimonios estuviesen así. Algo que usted no debe ignorar es que esta iglesia nos solicitó intervención en los matrimonios por la crisis que estaba atravesando toda la iglesia, la cual era: violencia doméstica en todas las esferas, agresión, infidelidad y problemas serios de economía.

> **"**
> **Nosotros afectamos la atmósfera donde opera satanás**

Me dirigí a la habitación de ellos, ya sabiendo que él había salido muy temprano. Toqué su puerta y ella muy tímida y visiblemente avergonzada y adolorida, me dijo: *"Entre profeta. ¿En qué le sirvo?"* Le dije: *Me voy junto a mi esposo. Nos hospedaremos en un hotel, nosotros mismos lo pagaremos; no te preocupes.* Ella muy nerviosa me dijo: *"No, no se vaya. ¿Por qué se va?"* Le contesté mirándola fijamente a los ojos: *Porque si no me voy de aquí, él te va a matar.* Ahí estalló en llanto y me dijo: *"Perdón, no sabía que estando usted acá él se seguiría comportando así, de hecho jamás había estado tan molesto como ahora."* Le dije: *Mi hermana, esto es muy espiritual, demasiado.*

"Pero, ¿a dónde irán ustedes?" Le dije: *Por eso no te preocupes, no deseamos estar cuando él regrese. Se pondrá peor.* Oré por ella y salí con el corazón roto.

Mire cuan serio es este asunto cuando pasas tiempo en Dios, lea el encuentro de Jesús con un endemoniado. ***Marcos 5:7-10 NTV, "Dando un alarido, gritó: ¿Por qué te entrometes conmigo, Jesús, Hijo*** *del Dios Altísimo? ¡En el nombre de Dios, te suplico que no me tortures! Pues Jesús ya le había dicho al espíritu: Sal de este hombre, espíritu maligno. Entonces Jesús le preguntó: ¿Cómo te llamas? Y él contestó: Me llamo Legión, porque somos muchos los que estamos dentro de este hombre. Entonces los espíritus malignos le suplicaron una y otra vez que no los enviara a un lugar lejano".*

Mire el panorama de este encuentro; el demonio se afectó al ver a Jesús en el territorio que dominaba y gobernaba bajo el temor que impartía a esa comunidad por tantos años, nadie podía enfrentarle. ¡Hasta que llegó Jesús!

Cuando estamos llenos de su presencia y comprometidos con hacer su voluntad, usted y yo afectamos para bien o para mal el lugar que pisamos, ya que es nuestro el lugar, luego de pisar allí. *Josué 1:3 NVI, "Tal como le prometí a Moisés, Yo les entregaré a ustedes todo lugar que toquen sus pies".*

Así que recogimos de su apartamento lo poco que habíamos sacado de nuestra ropa y, sin llamar a sus pastores, nos fuimos de aquel lugar. Nos hospedamos en un lugar tranquilo y nos preparamos para dar la primera conferencia, solo quedaban horas para su inicio.

¡Por favor! Lo que usted leerá ahora estará de infarto. Hágase el favor y hágamelo a mí, preparémonos un té de tilo, o tomemos un buen tranquilizante.

Llegamos al mega templo. Al caminar por el estacionamiento hacia la entrada principal, vimos esta pareja de espaldas, muy cubierta por el frío, que dialogaban con otro matrimonio de las grandezas de Dios en su relación y en su hogar. Estaban tan entusiasmados que le dije a mi esposo: *Por lo menos hay quienes se han mantenido amor.* Seguíamos de lejos admirando esta pareja. Ella hablaba de su esposo como "mi amado" y el cariñoso esposo hablaba sobre "la mujer más hermosa y fuerte que él haya conocido".

Las voces de ellos eran tan altas que retumbaban en aquel lugar; todos miraban encantados a esta pareja. Continuamos acercándonos a la entrada enorme de este lugar y ya a punto de entrar, la pareja más enamorada que hayamos escuchado allí se da la vuelta. Yo por poco me desmayo al ver que la pareja era la misma que nos hospedó la noche anterior en su casa. Mi cara al verlos era como de... ¿Es en serio? Mi esposo me miró, me tomó las manos porque él sabía que yo quería imponerle las manos con todo y pie a los dos y no necesariamente para ungirlos... usted me entiende. ¿Verdad?

Ellos al verme se pusieron pálidos. Creo que tenían en mente que nos habíamos regresado a Puerto Rico luego de lo sucedido en su casa y, que nos habíamos ido sin decir nada. Entramos al templo y ya usted se imagina, prediqué de todo lo que el Señor me mostró y hasta debajo del agua hablé. Me creí que estuve muda por 20 años y que me dieron solamente esas horas para hablar.

Allí cayó el poder de Dios y todos los matrimonios fueron quebrantados, menos los líderes de matrimonios; ya que la tercera persona que había visto entre ellos era la mamá de ella y era la que decidía si ellos adoraban o no. Fue en medio de este mover que Dios me reveló que estos líderes no estaban casados legalmente, pero eran los líderes de matrimonios, así que lo de dominicana se me subió hasta el cuello.

Entonces dije a los pastores generales: Necesito reunirme con ustedes y sus líderes de matrimonios. Ellos: *"Sí, claro."* Lo que se sentía al entrar a aquella oficina los seis: los pastores, ellos, mi esposo y yo; era una atmósfera demoniaca. Le dije: *Pastora, directamente al grano. Esta pareja no está casada y es la cabeza de sus matrimonios. Esto es atroz, no es bueno pues tienen esta puerta abierta. Hay mucho más que debe saber, pero que sea Dios; porque es necesario restaurarlos antes de darles posición.* La pastora me dijo, mientras el pastor callado me observaba: *"Sé que no están casados, él es de otra nacionalidad, no tiene los papeles para casarse y sé que ella sufre, pero debe soportar porque es la mujer".*

Mire mi querido lector, por un minuto quise ser Jesús en el templo y virar las mesas patas arriba allí, o sea, los pastores tenían conocimiento de todo y nos mandan a buscar para enderezar lo que visiblemente ellos mismos habían mantenido torcido ¡Qué desfachatez!

Me quedé muda, no sabía si traspasar las paredes o irme en un torbellino como Elías. Los líderes son la puerta de avance o de estancamiento. ¿Cómo se puede predicar y enseñar algo que no se vive? Desean resultado de una masa donde ellos son la harina sin cernir, quieren ser el diseño de una pintura sin pincel.

Un pastor, no puede posicionar a alguien que no esté en orden, jamás. ¿Qué debe hacer un pastor en casos como este? Debe tener esos potenciales líderes cerca, ayudarles a legalizarse rápido, ir formándolos más, mentorearlos de cerca y luego que estén legítimos, exponerlos en el podio; si estos líderes aun así quieren irse por no estar en posición déjelos ir, pues no son leales a Dios sino a sus llamados. Aunque los demás de la congregación no vean lo que pasa con ellos, hay dos testigos fieles: uno para bien otro para mal. Ambos locos por testificar de lo que ven, Satanás para mal y Dios desea testificar para bien.

Antes de irnos, volvimos a ver esta pareja. Me tomé el atrevimiento de preguntarles a ellos cuánto tiempo llevaban en esa situación. Ellos me dijeron: *"Desde que entramos a esta iglesia, antes no era así. Teníamos tiempo de familia, pero al estar en el ministerio hemos descuidado nuestro matrimonio e hijos, pues si no llegamos temprano y nos ausentamos un día para compartir, los pastores se enojan. Si faltamos para compartir con nuestra familia de afuera, nos pueden quitar el liderato".*

¡Peor me sentí! Este matrimonio entró al ministerio y sacó a Dios del hogar, le quitaron su lugar al único que podía repararlo. No estoy diciendo que debes faltar todo el tiempo a los servicios, tampoco que te quedes en tu casa haciendo nada, ¡No! Estoy hablando de ser fiel... más a tu familia que al ministerio. ¿Para qué salvar a los de afuera cuando los de adentro están perdidos? ¡Qué hipocresía sería!

¿Saben cuántas familias viven bajo esta malicia? Viven de apariencias, son excelentes líderes, pero pésimos esposos; buenas adoradoras pero malas esposas; grandes músicos, hijos perdidos, mientras seguimos jugando a la familia feliz detrás del púlpito. ¡Solo porque no hemos dejado entrar al dueño de la familia...Dios!

Deseo hacerte estas preguntas para que analicemos. Del 1 al 10, ¿en cuál nivel de compromiso con tu familia te encuentras?

- ¿Cuántas veces compartes semanalmente con tus hijos, fuera de lo que es la iglesia?
- ¿Cuántas veces sales solo(a) con tu esposo(a)?

- ¿Cuántas veces al mes preparas altar familiar dentro de tu hogar?
- ¿Cuántas veces disfrutas de vacaciones al año con tu familia?
- ¿Cuándo has dejado de ir al trabajo y excusarte responsablemente para quedarte en casa con tu familia?

Si estas respuestas llevan más de 8 en tu puntuación, estás normalmente estable en tu hogar; si es menos de esto, estás a punto de un colapso familiar.

¿Cómo se sostendrá la familia dejando a Dios lejos de ella? No se ora juntos, no se da gracias por los alimentos, no se respeta el tiempo de intimidad que cada cual debe tener con Dios y por consiguiente, dedicarle a Él por lo menos un día a la semana como familia. ¿Cómo pretendemos que el Todopoderoso nos defienda cuando nosotros mismos hemos creado una autodefensa? Mira lo que dice la Biblia de una casa dividida entre sí, *Lucas 11:17 NTV, "Jesús conocía sus pensamientos, así que dijo: «Todo reino dividido por una guerra civil está condenado al fracaso. Una familia dividida por peleas se desintegrará".*

¿Cómo pretendemos que Dios entre a nuestro hogar cuando usamos miles de sustitutos? Nuevamente menciono, horas viendo tv, baloncesto, series, celular, redes sociales, exceso de responsabilidades ministeriales que roban tiempo de familia, entre otros.

¡Qué fuerte se hace sostener el hogar cuando el sistema nos está dominando! Es tiempo de que las familias tomen su lugar y dejen entrar a Dios a sus matrimonios, oren juntos, lloren juntos, rían juntos y puedan juntos darle la gloria a Dios porque Él los sostiene.

La palabra de Dios dice en *Salmos 127:1 NVI, "Si el SEÑOR no edifica la casa, en vano se esfuerzan los albañiles"*.

Podemos tener una gran casa, pero el hogar lo levanta Dios. Podemos tener grandes ministerios, pero quien te da la unción es Él. Podemos presumir grandes carros, pero quien te suple para tenerlos es Él. Debemos enfocarnos, sobre qué esta cimentado nuestro hogar. ¿Sobre quién? *Salmos 118:22 NVI, "La piedra que desecharon los constructores ha llegado a ser la piedra angular"*.

Cristo es la piedra angular, también es la roca eterna y también es la zapata de la familia. Si esto no está en tu hogar es hora de dejar entrar al dueño del matrimonio... Dios.
¡Vamos, démosle a Él toda honra! Amén.

12

Quiero volver a empezar, seré la mujer que Dios diseñó

Recuerdo que mi esposo y yo vivimos una experiencia muy desagradable dentro de una iglesia, él había creído a ciegas en cierto líder y yo también, a ambos nos falló y de qué forma.

Mi esposo se desanimó y dejó de asistir a la congregación, pero no de intimar con Dios en casa. Yo no le permitía apartarse de Dios, lo cubrí y amé más que nunca, lo consentía día y noche para que no se sintiera solo. Recuerdo que, unas semanas después, tuvimos unas diferencias por un viaje a África, (de aquel que hablé en mi primer libro) él me había dicho: *"No vayas"* y yo, deseaba llegar a ayudar a los niños, llevarle Biblias y comida.

Yo estaba obstinada en ayudar, pero él veía más allá de lo que yo podía ver, un día antes del viaje él me dijo: *"Es una trampa, no vayas. Siento fuerte que no vayas"*. Le dije: *Amor todo está listo. ¿Qué hago ahora?* No había pasado una hora cuando entró una llamada, el grupo con el que me iba se había ido antes, y dije: *Wow, que triste, quería ayudar.* Lo dejamos así y le dije: *Amor, se te dio. No iré.* Él me miró y me dijo: *"No, se le dio a Dios, Él desea cuidarte otra vez"*.

Transcurrieron tres días, cuando nos dieron la horrible noticia de que donde fueron era un fraude, que esa iglesia no existía y cuando este grupo llegó allá; los secuestraron y le robaron todo, gracias a Dios que no perdieron la vida, pero vivieron un infierno.

Fui donde mi esposo y le dije: *Perdóname, yo no tengo más misericordia que Dios, fallé.* Él me abrazó y continuamos los días apoyándonos, ya que no teníamos donde asistir y congregarnos. Una mañana le dije: *Amor, quiero volver a empezar, quiero ser la mujer que Dios diseñó.*

Me dijo: *"Estaré a tu lado apoyándote, pero no voy más".* ¡Imagínese usted! Mi esposo me estaba diciendo: *"Ve tú, yo te apoyo de lejos".* No sé si usted sabe que las latinas somos un caso serio. Decirle a una mujer no, es como declararle la guerra. Y si es una mujer espiritual conectada, ya usted sabe que esto no se queda así, nuestra guerra no es con ellos, (nuestros esposos) es contra el adversario. ***Efesios 6:12 NVI, lo aclara: "Porque nuestra guerra no es contra seres humanos, sino contra poderes, contra autoridades, contra potestades que dominan este mundo de tinieblas, contra fuerzas espirituales malignas en las regiones celestiales".***

No le dije nada, no diferí con él. Por lo que me miró con cara de decir dentro de sí mismo... *"esta mujer me está durmiendo para guindarme mientras duermo".* Él sabía de mi pasión por Dios. Lo abracé y le dije: *Ok amor, respeto tu decisión. Iré sola, pero que conste que creerán que soy soltera, pero siempre te daré tu lugar.* Y me sonreí. Sabía que lo que le estaba diciendo, le trabajaría. Esperé que se fuera a trabajar y forme un lío en mi hogar (un lío es cuando tomas la decisión de formar un gran pleito con decisión de ganar). Así que formé tremendo lío, uno espiritual, me puse el manto, busqué el aceite y puse adoración de guerra. Ya estaba lista para entrar a Vietnam. Le ungí los zapatos, la ropa íntima, la almohada, el cepillo de dientes, todo y dije: *Mira diablo mentiroso, mi casa y yo serviremos a Jehová, salte del medio o te paso por encima en el nombre de Jesús, hoy a ti te resisto y punto.* **Santiago 4:7 NVI, "Así que sométanse a Dios. Resistan al diablo, y él huirá de ustedes".** Así que formé una, que ni los vecinos me saludaban al otro día. Quizás aún piensan que acabé con alguien que molestaba, en lo espiritual así fue en realidad.

Cuando mi esposo llegó me dijo: *"Amor, hoy tengo doble turno; tengo que volver".* Le dije: *Está bien amor, iré a hacerte comida para que te lleves.* De repente, él me dijo: *"Bebé, mi ropa huele rara".* Ah, ¿sí?, le dije, ¿*Cómo a qué bebé? "No sé, huele como a aromas, y me pasó lo mismo con la toalla, el cepillo y mi ropa interior".* Le dije: *Ay bebé, eso tiene que ser nuestro nuevo suavizador, tranquilo* y me sonreí sola.

Di la espalda y dije: *Diablo, este hombre está "engrasao" por donde quiera de aceite Santo, ya está marcado para Dios. No se te ocurra tocarlo y prohíbo a cualquier incircuncisa de hacerlo.* Él se fue bañado en aceite, hasta el día de hoy no sabe lo que hice y creo que el día que se entere se reirá mucho.

Pasaron solo dos semanas y me dijo: *"Amor, vamos a orar juntos con fuerza, Dios nos ubicará en un buen lugar".* ¿Saben qué? Así fue. Me costó mucho sanar heridas y decepciones, pero me amparé en su palabra. Jamás ha sido fácil levantarse, pero es mucho más difícil permanecer en un suelo, siendo el mismo duro.

Estoy muy clara de lo que dice su palabra en **_Juan 8:36 RVR1960,_** **_"Si el Hijo os libertare, seréis verdaderamente libres"._**

Les mostré este texto porque deseo tocar un tema en las próximas líneas, ya que el enemigo está trabajando arduo en contra de la mujer. Esta temporada, Satanás está usando fuertemente unas estrategias sobre las mujeres abusadas sexualmente. El enemigo les hace creer a la mayoría de las mujeres dañadas, que le gustará el sexo opuesto de quien le marcó. Si fue abusada por un hombre, la inclinará a la mujer. Muchas terminan en la prostitución. Si es abusado un varón por otro varón, le hará sentir atracción por este mismo sexo. Le creará sentimientos de mujer para que opten por recurrir a comportarse como tal. Pero todo esto es una trampa diabólica del mismo infierno. Para lograr que no seamos lo que Dios diseñó. ¿Se puede sanar de esto? Sí, se puede.

Debemos perdonarnos, pues muchas veces sentimos que fue nuestra culpa. Para lograr sanar, debemos perdonar a otros. Los culpamos porque fue culpa de ellos por no cuidarnos y al final la verdad es que la culpa es de Satanás que tomó esa vida; en la cual Dios no estaba, para lacerarnos la nuestra.

> **"**
> *No es que olvidas,*
> *es que ya no te*
> *duele y lo que no te duele,*
> *¡te hace ser fuerte!*

No peleemos con el enemigo incorrecto, más bien perdonemos para que el verdadero enemigo se vaya de nuestra mente y vivamos lo que Dios ha diseñado para nosotros. El perdón es el remedio inmediato para sanar el alma, por eso muchos tienden a durar años en poder sanar y tardan demasiado para poder lograrlo.

"Pero, Rita ¿cómo puedo volver a creer?" La respuesta es sencilla, pero llegar a ella requiere madurez. Es esta: *Lo lograrás acercándote a Dios.* Cuando pasas tiempo en la presencia de Dios, Él te ayudará bajo la guía del Espíritu a que todo dolor disminuya. No es que olvidas, es que ya no te duele y lo que no te duele, ¡te hace ser fuerte!

Entrar al aposento, ***Mateo 6:6 NVI, "Pero tú, cuando te pongas a orar, cierra la puerta y ora a tu Padre, que está en lo secreto. Así tu Padre, que ve lo que se hace en secreto, te recompensará"*** y ten encuentros con Dios. Todo lo que crezcas allí, será manifestado afuera. Créeme, el enemigo conoce los que pasan tiempo con Dios y en Dios.

Una de las cosas que pregunto en consejería es: *¿Cuánto te amas?* Siempre me dicen: *"Mucho"* y digo: *¿Por qué cargas con muertos?* *"Disculpe, ¿qué usted dice Rita?" Sí, cargas a un muerto; no perdonar es cargar con muertos apestosos encima de ti, el problema es que ellos no te cargan, tú los cargas a ellos.* Y ahí, luego de escucharme, Dios interviene y les rompe lo que por años llevan cargando... falta de perdón.

Siempre recalco, si te amas ¿por qué dejas que te maltraten? ¿Por qué dejas que maltraten tus hijos? ¿Por qué dejas que manejen tus finanzas? ¿Por qué debes vestir como él o ella te diga? ¿Por qué? Cuando nos amamos, tenemos criterios propios que compartimos con nuestra pareja, pero no es una relación monóloga donde solamente uno habla y decide. ¡Eso se llama maltrato!

No es lo que Dios ha diseñado para ti. Sé de muchas pastoras y pastores que viven bajo maltrato emocional y físico, de una forma terrible, machismo, religión y apariencias.

Para volver a creer debes primero creerle a Dios. Mira lo que dice su palabra en **Hebreos 11:6 NVI, "En realidad, sin fe es imposible agradar a Dios, ya que cualquiera que se acerca a Dios tiene que creer que Él existe y que recompensa a los que le buscan".** Si no le crees, si no tienes fe en Él, jamás le agradarás.

Dios ha diseñado una vida poderosa para ti y para mí, por eso desde Génesis hemos sido atacadas, **Génesis 3:15 NVI, "Pondré enemistad entre ti y la mujer..."** Es que somos lo que Dios escogió para traer vida. **Génesis 3:16 NVI, "A la mujer le dijo: Multiplicaré tus dolores en el parto, y darás a luz a tus hijos con dolor".** Para sostener el ministerio de Jesús, **Lucas 8 NVI, "...y muchas más que los ayudaban con sus recursos".** Para ser de las primeras en ver a Cristo resucitado. **Juan 20:14 NVI, "...y allí vio a Jesús de pie, aunque no sabía que era Él".** Somos corona de nuestros maridos, **Proverbios 12:4 NVI; "La mujer ejemplar es corona de su esposo..."**

> **"**
> **Para volver a creer debes primero creerle a Dios.**

Somos las que derramamos perfume en su presencia, **Mateo 26:6 NVI; "...y lo derramó sobre la cabeza de Jesús, mientras Él estaba sentado a la mesa".**

Somos la razón por la cual avergonzó a unos de sus discípulos para honrarnos en público, **Lucas 7: 36-50.** Somos aquellas que provocan que de Él salga virtud, **Lucas 8: 43-48.**

¿Sabes quién eres? Eres la razón de vida de aquel que decidió morir por ti, pero que también regresará para quedarse contigo eternamente, jamás te ha dejado y jamás te dejará. **JUAN 14:28 NVI, "Me voy, pero vuelvo a ustedes".**

Esposas, lectores, nuestro entorno cambiará, cuando primero cambiemos nosotros. **¡Amén!**

Oración Final

Señor Jesús, hoy decido sanar, perdonar, ser la mujer, la esposa, la amiga, la hija, la madre, la hermana y todo aquello que diseñaste que yo fuera.

Hoy nombro aquí toda persona que me dañó y me comprometo a perdonarla y tu harás que mi vida sea de poder y testimonio para ella o él.

Escribe aquí el nombre o los nombres, de aquellos que debas dejar ir que has estado por tiempo, cargando sobre ti con dolor.

Llegó el día de soltarle y volar, Amén.

Escribe sus Nombres:

_____

_____

Tu salvación es muy valiosa, si te has apartado, si nunca has recibido a nuestro Señor Jesús en tu corazón, te invito a tomar la mejor decisión de tu vida.

Oración por salvación

Señor Jesús, te entrego mi vida y todo lo que soy. Perdona mis pecados, mis pensamientos incorrectos, mi mal proceder, me arrepiento de todo lo que he hecho y de haber estado apartado de tu presencia. Desde hoy, escribe mi nombre en el libro de la vida, sé que me amas y que te podré ver cara a cara. Permíteme tener comunión con la persona del Espíritu Santo y hazme digno de tu nombre.

¡Solo Tú serás mi Dios!

En el nombre de Jesús ¡Amén!

Permítenos conocerte

Si este libro ha sido una herramienta de bendición para ti; si has aceptado al Señor Jesús luego de hacer la oración antes mencionada, nos gustaría saberlo.

Escríbenos a: **ritaariasministries@gmail.com** o contáctanos a través de nuestra página ministerial en Facebook: **Rita Arias Ministerio Profético & Evangelístico.**

www.ingramcontent.com/pod-product-compliance
Lightning Source LLC
LaVergne TN
LVHW021552080426
835510LV00019B/2481